Jutta Grewe

Vegetarisches aus Omas Küche

Jutta Grewe

Vegetarisches aus Omas Küche

Lieblingsgerichte aus Kindertagen neu entdeckt

pala verlag

Inhalt

Kindheitserinnerungen 7
Zu den Rezepten 16
Fangen wir mit den Suppen an! 20
Obstsuppen 52
Suppeneinlagen 63
Salate 67
Grützen und Breie 74
Kartoffelgerichte 82
Bratlinge und falsche Braten 97
Salzige Puddings 103
Nudeln & Co. 108
Pikante Tunken (Soßen) 115
Gemüsegerichte 129
Nachspeisen 153
Brotrezepte 157
Fruchtaufstriche, Eingemachtes,
Eingelegtes und Gedörrtes 163
Kräuter- und gewürzter Essig 170
Die Autorin 174
Rezeptindex 175

Kindheitserinnerungen

Wenn ich an meine Kindheit denke, erscheint es mir heute, als hätte ich in einer anderen Welt gelebt. Isoliert durch die Lage des kleinen Bauernhofes in den Diepholzer Moorniederungen, auf dem ich 1952 geboren wurde und mit meinen Eltern und Großeltern lebte, lernte ich noch eine Kultur kennen, die heute bereits in Museen ihren Platz gefunden hat. Das Haus lag am Rande eines großen Moorgebietes inmitten von Bruchwiesen und kleinen Ackerflächen. Ein Sandweg, an dessen Rändern Heide und Birken wuchsen, führte von der kleinen Landstraße zu uns heraus. Die nächsten Dörfer waren acht Kilometer entfernt. Unsere Nachbarn lebten auf ähnlich kleinen Bauernhöfen inmitten ihrer Grundstücke.

Den Hof bauten meine Großeltern 1930 auf. Meine Oma verließ als 10-Jährige ihr Elternhaus, um auf einem Bauernhof im Nachbardorf zu

Unser Haus um 1958

arbeiten. Ihre Familie war arm und sie musste diese entlasten. So lernte sie früh harte Arbeit kennen; denn der Bauer nahm wenig Rücksicht auf ihre Kindheit. Mit 14 Jahren ging sie als »richtige« Magd auf einen Moorhof. Dort lernte sie meinen Opa kennen, den jüngsten Sohn des Bauern. Da die Familie die Verbindung nicht als standesgemäß empfand, wechselte meine Oma auf einen anderen Hof, der in einem großen Moorgebiet lag und von Bruchwiesen umgeben war. Allerdings geriet der Bauer dort in finanzielle Not und konnte ihr den vereinbarten Lohn nicht zahlen. Schließlich bekam sie anstatt Geld nach fünf Jahren Arbeit zehn Hektar Land zugeschrieben, das aus moorigen Bruchwiesen bestand und zunächst urbar gemacht werden musste. Inzwischen hatte mein Opa durch den Handel mit Gänsen in den fünf Jahren der Verlobungszeit Geld verdient. So waren sie in der Lage, ihren eigenen Hof aufzubauen. Mit einigen Schafen und einer Schar Gänse und Hühner begannen beide zu wirtschaften. Dann kamen Kühe und Schweine hinzu. Kurze Zeit später wurde meine Mutter geboren.

In ihrer Kindheit musste meine Mutter die wachsende Schafherde auf den anliegenden Moorflächen hüten. Ihr zur Seite stand dabei ein Schäferhund namens Harras, ihr einziger Begleiter. Mit 17 Jahren lernte sie meinen Vater kennen. Ein Jahr später wurde geheiratet und ich wurde geboren. Mein Vater war Bankkaufmann und arbeitete im Nachbardorf Wagenfeld. Seine Großeltern hatten ebenfalls einen Moorhof in der Nähe. Nach Feierabend in der Bank begann so auch für meinen Vater die Arbeit auf dem Hof. Meine ersten Lebensjahre verbrachte ich isoliert von der Welt »da draußen« inmitten der Natur.

In meiner frühen Kindheit besaßen wir noch keinen Fernseher. Das Weltgeschehen erfuhren wir aus dem Radio. Abends besuchten uns die Nachbarn oder wir gingen zu ihnen. Es wurde erzählt oder Karten gespielt. Wir Kinder waren immer dabei. Die kleine Dorfschule hatte nur zwei Klassen. Der Lehrer war streng und ungerecht. Weiterführende Schulen gab es nur in der Kreisstadt. Erst Ende der 60er-Jahre wurde die Dorfschule aufgelöst.

Essen spielte eine große Rolle im Leben dieser einfachen Bauernkultur. Die Produktion von Lebensmitteln war das Geschäft eines Bauern, und so lernte ich den Wert eines guten landwirtschaftlichen Erzeugnisses kennen. Wir betrieben Milch- und Viehwirtschaft. In den 50er-Jahren hatte ein Bauer verschiedene Nutztiere. Wir besaßen sechs bis sieben

Kühe, einige Kälber, vier bis sechs Sauen mit ihren Ferkeln, Hühner, Gänse, Puten, Enten, Perlhühner, Tauben und eine kleine Schafherde. Der Ganter unserer Gänseschar lief regelmäßig hinter mir her und biss mir in die Waden. Die Enten marschierten im Entenmarsch über den Hof, die Hühner pickten nach Würmern und die Kühe liefen auf der Weide, wo sie gesundes Gras fraßen. Die ehemals große Schafherde war auf nur wenige Tiere geschrumpft. Schafe ließen sich zu dieser Zeit schlecht verkaufen und dienten uns lediglich zur Selbstversorgung. Meine Oma spann im Winter die Wolle und strickte daraus Socken für die Holzschuhe, die mein Opa noch selbst herstellte. Die kratzigen »Unterjacken« möchte ich lieber vergessen.

Milchwirtschaft war die Haupteinnahmequelle der gesamten Region. Im Nachbardorf Wagenfeld war eine Molkerei, die täglich die Milch abholte. (Heute wird dort noch eine echte Sauerrahmbutter hergestellt.) Da wir weit ab der Landstraße lebten, mussten wir frühmorgens die Milch in Kannen an die Straße schaffen. Das passierte mit dem Fahrrad. Neben dem Lenker waren Halterungen für die Milchkannen angebracht. Die Kannen vom Vortag brachte der Milchwagen zurück und wir mussten sie abholen. Es gab extra eine Milchkammer mit einer Wasserstelle, an der die Kannen gründlich gereinigt wurden; denn die Sauberkeit hatte neben dem Fettgehalt Einfluss auf die Güteklasse der Milch und damit auf den Preis. Von der Molkerei bezogen wir die preiswerte Buttermilch und Butter für den täglichen Gebrauch.

Buttermilch wurde zum Teil an das Vieh verfüttert, hatte aber auch eine große Bedeutung für die tägliche Ernährung der Menschen. Als Kaltgetränk war sie ein gesunder Durstlöscher. In der Küche wurde sie z. B. zur Herstellung von Quark oder Milchsuppen genutzt. Für den eigenen Gebrauch war die süße, frische Milch ebenfalls täglich auf dem Tisch. Unsere beste Kuh Erna lieferte diese Milch für den Eigenbedarf. An dieser Kuh erlernte auch ich das Melken. Mein Großvater hatte mir einen kleinen Melkschemel gezimmert. Dazu bekam ich einen kleinen Eimer in die Hand gedrückt. Erna hielt dann eine Weile still, wenn ich ihre Zitzen bearbeitete. Wenn es ihr dann zu viel wurde, warf sie mir einfach den Eimer um und ging ihrer Wege. Mit der Zeit wurden meine Melkkünste besser und Erna und ich waren die besten Freundinnen. Ich durfte sogar auf ihr reiten. Übrigens ist diese Kuh 17 Jahre alt geworden. Ich werde

Meine Mutter mit Lore und Erna

den Tag nie vergessen, an dem sie abgeholt wurde. Meine Mutter und ich weinten den ganzen Tag.

Einen Traktor hatten wir noch nicht. Die Ackerflächen wurden ausschließlich mit unseren Pferden Pudel und Inge bearbeitet.

Die Vielfalt auf einem kleinen Hof bedeutete viel Arbeit, auch für uns Kinder. Selbstverständlich hatten wir je nach Alter unsere Aufgaben zu erfüllen, wie Hühnerfüttern und Eiersuchen.

Je älter wir wurden, desto größer wurden unsere Aufgabengebiete. Wir halfen beim Füttern der Tiere, hackten das Gemüse, halfen in der Heu- und Strohernte und erledigten viele kleine Aufgaben.

Ich erinnere mich auch an einen großen Blumengarten, der ganze Stolz meiner Mutter. Sie liebte Blumen und legte wundervolle Beete bunter Sommerblumen an. Flieder, Jasmin und Buschrosen säumten den alten Obstgarten. In dessen Mitte stand ein Brunnen mit einer Pumpe, der zur Bewässerung diente. Die Apfel- und Birnbäume waren hochstämmig und schon von meinem Großvater in den 30er-Jahren gepflanzt worden. Sie lieferten das Obst für den Winter. Den Sandweg zur Straße säumten Sauerkirschen- und Zwetschgenbäume. Am Ackerrand befanden sich die

Erdbeeren, ein arbeitsaufwendiges Obst, das allerdings die feinste Marmelade lieferte. Rhabarber, Johannisbeeren, Himbeeren und Stachelbeeren rundeten die Obstproduktion ab. An den Rändern des Moores standen wilde Brombeerbüsche. Preiselbeeren wuchsen im Moor. Das mühselige Pflücken der kleinen Wildpreiselbeeren fand in der Regel bei einem Sonntagsspaziergang mit meinen Eltern statt. Beerenobst wurde zu Saft, Gelee, Marmelade oder Kompott verarbeitet. Die lagerfähigen Äpfel kamen in den Keller und hielten sich dort bis zum Frühling.

Auf den Wiesen wuchsen in großen Mengen Champignons. Das war für mich das reinste Schlaraffenland. Ich sammelte zur Pilzzeit täglich frische Champignons. Meine Mutter und ich brieten diese mit gewürfelten Zwiebeln in guter Butter. Mit frischer Petersilie bestreut, kam die Pfanne auf den Tisch. Mittags gab es dazu Kartoffeln, abends Brot und Butter. Mir läuft heute noch buchstäblich das Wasser im Munde zusammen, wenn ich daran denke.

Als Grundnahrungsmittel dienten uns Kartoffeln, diese wurden aber auch an die Schweine verfüttert. Wir legten deshalb im Frühjahr eine

Klein-Jutta mit ihren Hühnern

große Ackerfläche dieser schmackhaften Knollen an. Die Sorten hießen z. B. Hansa, Grata, Sieglinde und Linda, daran erinnere ich mich noch gut. Der Anbau von Roggen, Gerste und Hafer diente als Viehfutter und Streu für die Ställe. Die Kultur von Buchweizen kannte man zwar noch, da während der Kultivierung der Moore der Anbau von Buchweizen lebenswichtig war (dazu später mehr), aber Buchweizenmehl kauften wir bereits im Tante-Emma-Laden unseres kleinen Dorfes, ebenso die geschälte Gerste, Haferflocken und Hafergrütze. Diese Getreidearten galten als Grundnahrungsmittel in der traditionellen Küche unserer Region.

Das Kernstück der Ernährung bildete der große Gemüsegarten. Dessen Pflege war die Arbeit von uns Frauen, also meiner Oma, meiner Mutter und mir. Da wir keinerlei schädlings- und unkrautbekämpfende Mittel einsetzten, mussten wir das »Unkraut« regelmäßig entfernen, durch Jäten und Hacken. Als Wildkultur bildete sich regelmäßig im Frühsommer Melde, die wir als Gemüse ernteten, bevor sie dem regulären Gemüseanbau weichen musste. Melde wird wie Spinat zubereitet, ist geschmacklich aber intensiver. Die jungen Triebe der Brennnessel wurden ebenfalls als Frühlingsgemüse genutzt.

Zwiebeln, Salat, Möhren, Erbsen, Dicke Bohnen, Mangold, Weiß-, Rot- und Rosenkohl sowie große Mengen Steckrüben bildeten die Grundlagen der Aussaat im Frühjahr. Gelbe und grüne Bohnen sowie Gurken und Kürbis wurden erst nach den Eisheiligen Mitte Mai gesetzt. Nun hieß es bis zur Erne jäten und hacken. Nach und nach reiften die Früchte unserer Arbeit. Was nicht frisch verbraucht werden konnte, wurde selbstverständlich für die Wintermonate konserviert. Erbsen, Gurken und ein Teil der frischen Bohnen kamen in Weckgläser und standen im Keller zum Verzehr bereit.

Steckrüben, Möhren, Rotkohl und Weißkohl kamen in sogenannte »Mieten«. Dafür wurde eine Kuhle ausgehoben, mit Stroh ausgelegt, das Gemüse eingefüllt, mit Erde bedeckt und mit Stroh vor Frost geschützt. Abgedeckt wurde die Miete zuletzt mit einer Schicht Erde. So blieb das eingelagerte Gemüse bis zum Frühling frisch.

Aus einem großen Teil des angebauten Weißkohls entstand Sauerkraut, das meine Oma mit Salz in einem großen Steinguttopf stampfte. Ähnlich wurde mit den grünen Bohnen verfahren. Mit einer »Schnippelmaschine«, einem mechanischen Gerät mit einer großen Kurbel und scharfen Messern, wurden die Bohnen zerschnitten und mit Salz in einem Steintopf gestampft.

Wir drei Frauen 1955

Auf sieben Handvoll Bohnen kam eine Handvoll Salz. Sie gärten wie das Sauerkraut und hielten sich dadurch den ganzen Winter.

Das erste Sauerkraut des Jahres gab es in jedem Jahr am Heiligen Abend zum Mittagsmahl.

An einem trockenen, frostfreien Ort hingen die Zwiebeln zum Trocknen.

Ein Teil der Bohnen wurde zur Reife gebracht, ebenfalls getrocknet und dann ausgepult. So entstanden die weißen Bohnen für die winterliche Bohnensuppe. Ein Teil davon wurde für das Auslegen im nächsten Jahr verwahrt.

Vor unserem Küchenfenster hatte meine Oma ein großes Stück Garten mit Porree und Grünkohl als Wintergemüse gepflanzt. Grünkohl, in anderen Regionen als Braunkohl bekannt, galt und gilt als besondere Delikatesse in den Wintermonaten. Er benötigt Frost, um seinen Geschmack zu entfalten.

Zur Blaubeerernte fuhren wir in die nahen »Dammer Berge«. Wilde Blaubeeren schmecken sehr intensiv und färben Mund und Lippen blau. In unserer »Speisekammer« standen viele Gläser eingeweckte Blaubeeren. In meinen Erinnerungen bilden sie die leckerste Zugabe zu Eierpfannkuchen.

Erwähnen muss ich noch die Holunderernte. Rund um unser Grundstück befanden sich viele Holunderbüsche. Wenn die dunklen Früchte reif waren, versammelte sich die gesamte Familie zur Ernte. Wir zupften die Beeren von den Dolden und meine Mutter kochte daraus den wundervollen Saft, der im Winter verdünnt als Heißgetränk täglich auf den Tisch kam. Ein besonders leckeres Rezept war die Holundersuppe meiner Mutter, mit Äpfeln, Birnen, Rosinen und Klößen.

So lebten wir auf unserem kleinen Bauernhof als Selbstversorger. In der Küche stand eine sogenannte »Kochmaschine«, auch als »Küchenhexe« bekannt. Geheizt wurde mit Torf, den wir selbst herstellten. Torfstechen und Trocknen gehörten in jedem Jahr zu unserer Arbeit, auch für uns Kinder. Wir mussten die nassen Torfstücke aufstapeln, damit sie trocknen konnten.

Trotz der schweren Arbeit habe ich schöne Erinnerungen an diese Tage im Moor. Es wurden Butterbrote mitgenommen und das im Sommer gebräuchliche Brotwasser. Meine Mutter hatte am Abend zuvor Misch- und Schwarzbrot in eine Milchkanne gegeben und mit kaltem Brunnenwasser übergossen. Wenn der Holunder blühte, kamen noch einige Holunderblüten hinein.

Exotische Gemüsearten, wie Tomaten, gab es nur selten, da wir sie kaufen mussten. Mein Vater kaufte ab und zu ein Kilo für meine Oma und mich, weil wir Tomaten liebten. Dabei erzählte Oma oft die Geschichte ihrer ersten Begegnung mit dieser Frucht.

Sie war als junge Magd auf einem Herbstmarkt auf besonders schöne rote Äpfel gestoßen und hatte sich eine Tüte davon von ihrem kargen Lohn geleistet. Als sie dann hineinbiss, war sie entsetzt über den schrecklichen Geschmack und warf nach und nach auf dem Heimweg das gesamte Kilo der vermeintlichen »Äpfel« in den Graben.

Zu Weihnachten kaufte mein Vater eine Kiste Apfelsinen. Aber meistens aßen wir im Winter abends unsere eigenen Äpfel. Oder wir schoben Äpfel in den Backkasten unserer Kochmaschine und aßen sie als Bratäpfel. Meine Mutter kochte fast täglich frisches Apfelmus. Besonders lecker fand ich ihren Apfelpudding. Das frisch gekochte, durch ein Sieb getriebene Apfelmus dickte sie mit etwas Milch, einem Eigelb und Maisstärke an. Am

Schluss wurde das mit etwas Zucker steif geschlagene Eiweiß noch unter die heiße Speise gehoben. Ein einfaches und gesundes Dessert.

Mitte der 60er-Jahre gaben wir die Landwirtschaft auf, da sich der Betrieb nicht mehr lohnte. Das Leben auf dem Lande begann sich zu verändern und die »moderne Zeit« hielt langsam Einzug.

Mein Großvater starb, als ich 13 Jahre alt war. Irgendwann habe ich dann auch das Elternhaus verlassen, um meine Ausbildung zu machen. Doch meine Oma und meine Eltern lebten noch viele Jahre dort. Häufig habe ich sie besucht und schließlich zehn Kilometer entfernt gemeinsam mit Mann und Tochter ein kleines Haus in einem Waldstück erworben.

Die Zeit kann man nicht zurückstellen. Doch hat mich die Kindheit inmitten von Moor, Wiesen und Feldern so sehr geprägt, dass ich mir ein Leben außerhalb dieser Gegend nicht mehr vorstellen kann. Trotz neuer Eindrücke war ich immer auf der Suche nach dem Ursprünglichen.

Wenn es Frühling wird, lege ich meinen Garten an. Im Sommer und Herbst ernte ich. Den Holunder pflücke ich im Moor und die kleinen Preiselbeeren wachsen an einer Stelle, die ich niemandem verrate, denn sie bilden die Grundlage für eine meiner besten Marmeladen.

Zu den Rezepten

Eine traditionelle vegetarische Vollwertküche gibt es natürlich nicht. Doch viele traditionelle Gerichte sind vollwertig und vegetarisch. Besonders gilt dies für die Küche der armen Leute. Fleisch war für viele Menschen ein Luxusartikel und kam nur ab und zu oder als Beilage (Fettspender) auf den Tisch. Getreide, Gemüse, Obst und Wildfrüchte, eben alles, was sich anbauen ließ und was es zu sammeln gab, bildeten die Grundlagen der Ernährung. Angebaut wurde das, was die Böden hergaben. Chemische Düngemittel waren unbekannt, sodass nicht alles wuchs. Hier in Norddeutschland wurde unter dem »Alten Fritz«, Friedrich dem Großen, die Kartoffel eingeführt und sie ist bis heute ein Grundnahrungsmittel. In meinem direkten Lebensraum, den moorigen Gebieten im Kreise Diepholz, war Buchweizen ein wichtiges Grundnahrungsmittel. Der Buchweizen wurde direkt in die frisch abgebrannte Heide gesät. Graue beißende Rauchschwaden zogen über die Heide, wenn es Frühling wurde und es galt, Buchweizen zu säen. Der Legende nach hatte der Sachsenfürst Widukind oder Wittekind, der sich viele Jahre hier in der Gegend gegen die Herrschaft Karls des Großen erhob, nach seiner Niederwerfung den Buchweizen von seinen Kreuzzügen mitgebracht, weil er es nicht ertragen konnte, dass seine Sachsen so hungern mussten. Tatsache ist, dass Buchweizen tatsächlich viele Menschen in dieser Gegend vor dem Hungertod bewahrt hat. Er wurde zu Grütze und Pfannkuchen verarbeitet. Sogar Torte wurde daraus gebacken.

Nach einigen Jahren wuchs auf dieser Erde dann auch Roggen, danach Hafer und Gerste. Aus Roggen wurde Schwarzbrot gebacken, Hafer und Gerste zu Grützen gekocht.

In anderen Gegenden wuchsen Weizen oder Dinkel und bildeten neben heimischen Gemüse- und Obstarten die Ernährungsgrundlage. So waren unsere Vorfahren Vollwertköstler, ohne dass sie diesen Begriff kannten. Bevor ich mit den Rezepten beginne, eine kleine Geschichte, die mein Vater gerne erzählt:

Die Großmutter meines Vaters, Bäuerin auf einem großen Moorhof, stand jeden Morgen um sechs Uhr auf, um Buchweizenpfannkuchen für ihre

große Familie und alle Knechte und Mägde zu backen. Pünktlich um sieben Uhr gab es täglich Buchweizenpfannkuchen, Milch und Kaffee aus gerösteter Gerste, dazu selbst gebackenes Schwarzbrot, Butter aus dem eigenen Butterfass und Honig aus der eigenen Imkerei. Wer nicht pünktlich kam, musste bis zum zweiten Frühstück hungern. Raue Sitten! Allerdings behauptet mein Vater, diese Pfannkuchen seien so gut gewesen, dass niemand je verschlafen hätte.
Dazu wurde Buchweizenmehl mit schwarzem Kaffee am Abend vorher zum Quellen hingestellt. Am nächsten Morgen wurden Eier dazugegeben, Schmalz oder Speck in der Pfanne ausgelassen und die Pfannkuchen darin gebraten.

Die Rezeptsammlung dieses Buches entstammt genau diesem Denken und Fühlen. Die Rezepte stammen aus verschiedenen Regionen. Wo ich auch bin, immer bin ich auf der Suche nach alten Rezepten und alten Geschichten; denn beides gehört zusammen.

Andere Rezepte und kleine Geschichten in diesem Buch, z. B. aus Süddeutschland oder Ostpreußen, habe ich von Freunden und Bekannten erhalten, die mich sehr unterstützt haben. Ähnlich wie bei mir wurden bei ihnen viele Kindheitserinnerungen wach.

Dann ist mir von meiner Schwiegermutter das alte handgeschriebene Rezeptbuch ihrer Tante Sissi zur Verfügung gestellt worden. Auch einige Geschichten ranken um diese sehr herbe und strenge Frau. Sie hat das Kochen Anfang des 20. Jahrhunderts in einem großbürgerlichen Haushalt in Münster erlernt. Sie selbst stammte aus einer Handwerkerfamilie aus dem Münsterland. In einem »feinen« Haushalt zu dienen, war durchaus erstrebenswert für Tante Sissi. Es steigerte ihre Heiratschancen und führte schließlich dazu, dass sie einen Geschäftsmann zum Ehemann bekam. In ihrem Haushalt wurde gutbürgerliche Küche gekocht. Später schloss sie sich den Kneipp-Anhängern an und nahm regelmäßig an einem Kneipp-Kochkurs teil. Sie war sehr auf ihre Gesundheit bedacht, und ich verdanke ihr einige gute Rezepte. Sie sind jeweils mit einem entsprechenden Zusatz »Tante Sissi« gekennzeichnet.

Eines habe ich bei den Recherchen noch festgestellt, zwar gibt es Schwerpunkte in den regionalen Küchen, doch viele Rezepte sind über ganz Deutschland verteilt, wie z. B. Reibekuchen oder Kartoffelpuffer oder wie sie sonst noch genannt werden. Die Zubereitung variiert. Allerdings kann es sein, dass eine Frau in Bayern das gleiche Rezept hat wie eine Frau in Schleswig-Holstein. Das liegt dann daran, dass jede Hausfrau ihr eigenes Rezept hat. Oft wird das gleiche Gericht schon im Nachbardorf anders gekocht. Alle behaupten, ihr Rezept wäre das Originalrezept. So habe ich mir schließlich die Freiheit genommen, das eine oder andere leicht oder auch etwas mehr abzuwandeln und an die moderne Vollwertküche anzupassen.

Lesen und kochen Sie, feiern Sie traditionelle Feste und verwöhnen Sie sich und Ihre Lieben mit den nun folgenden Rezepten. Erzählen Sie sich dazu die alten Geschichten Ihrer Kindheit.

Hinweise zu den Rezepten

Alle Rezepte sind – so weit nicht anderes angegeben für **vier Personen.**

Die angegebenen **Backtemperaturen** gelten für Elektroöfen mit Ober- und Unterhitze. Abweichende Temperaturen für Backöfen mit Umluftfunktion sind in Klammern angegeben. Bei Gasbacköfen bitte die Angaben des Herstellers beachten und die entsprechende Temperatur aus der Bedienungsanleitung entnehmen. Bei Angabe der Garzeiten wird, sofern im Rezept nicht anders erwähnt, von einem vorgeheizten Backofen ausgegangen.

Fangen wir mit den Suppen an!

Suppen gibt es in einer großen Vielfalt in allen Kulturen, in denen ein Topf bekannt ist. Eintöpfe sind wohl die ursprünglichste Form der traditionellen Kochkunst. So hing bei den meisten Menschen früher nur ein Topf über der Feuerstelle. Da kam hinein, was die Saison hergab, Getreide, Gemüse, Kräuter und Fleisch, wenn vorhanden. Wir können uns vorstellen, dass je nach Jahreszeit die Suppen sehr unterschiedlich ausgefallen sind. Jeden Tag blieb ein Rest im Topf zurück, der dann am nächsten Tag erneut als Suppengrundlage diente und so die neue Suppe würzte.

Zur Zeit der Kochherde wurde der Topf mit den saisonalen Zutaten zum Köcheln hinten auf die Herdplatte gestellt. Dann konnte die Hausfrau auf das Feld gehen und ihre Arbeit verrichten. Wenn die Familie mittags zum Essen kam, war der Eintopf fertig. So kenne ich es noch aus meiner Kindheit. Das Gemüse zog auf diese Weise langsam gar. Dadurch bekamen die Suppen einen sehr guten Geschmack.

Heute bereite ich diese Gerichte fleischlos zu, dank guter Pflanzenfette und pflanzlicher Eiweißspender, einer guten Gemüsebrühe sowie gekörnter Gemüsebrühe, die im Handel in guter Qualität aus biologischem Anbau erhältlich ist.

Rezepte leben – wie unsere Sprache. Eine Gerstensuppe, wie sie vor zweihundert Jahren gekocht wurde, wird sich vermutlich enorm von den Rezepten in diesem Buch unterscheiden. Dazu eine Geschichte:

Auf einer meiner Geburtstagsfeiern gab es Gerstensuppe auf nordfriesische Art. Als ich meinem Vater erzählte, es gäbe Gerstensuppe (»Schegassensoppen« auf Plattdeutsch), war er geschockt. »Näh, Schegassensoppen ät ick nich«, was heißt: »Nein, Gerstensuppe esse ich nicht«. Damit habe man ihn als Kind genug gequält. Da es aber nichts anderes gab und er hungrig war, blieb ihm nichts anderes übrig, als zu essen, was auf den Tisch kam. Er aß dann drei große Portionen und meinte entschuldigend: »Die schmeckt ja auch ganz anders als früher«.

Am Ende des letzten Jahrhunderts sorgte die Maggi-Würze für eine Sensation und würzt seither viele Suppen und Eintopfgerichte.

Traditionell wird als Suppengrundlage jedoch eine gute Gemüsebrühe aus eigener Herstellung benutzt. Das ist zeitaufwendig und nicht immer von gleicher Qualität und lohnt sich nur bei besonderen Anlässen. Auf Vorrat gekocht, lässt sich die Gemüsebrühe in Gläser einkochen oder einfrieren.

Gemüsebrühe selbst gemacht

Eine gute Gemüsebrühe entsteht aus Sellerie, Möhren, Porree, Liebstöckel und Zwiebeln.

Das Gemüse grob klein schneiden. Eine dicke Zwiebel mit Pelle waschen, durchschneiden und in einer Pfanne in wenig oder ohne Fett an der Schnittstelle bräunen, bis sie fast verbrannt ist. Diese mit dem restlichen Gemüse in einen großen Topf geben, alles mit Wasser bedecken und bei schwacher Hitze auskochen. Danach die Brühe durch ein Sieb geben und das Gemüse dabei gut ausdrücken. Für frische Suppen, zum Beispiel die Niedersächsische Hochzeitssuppe, nehme ich möglichst diese frisch gekochte Gemüsebrühe, die nach Geschmack gesalzen wird. Fette Gemüsebrühe entsteht, wenn man das Gemüse zu Beginn in Pflanzenfett andünstet.

Ansonsten gibt es im Naturkosthandel oder in Reformhäusern gute Fertigprodukte, die schnell und unkompliziert in der Vollwertküche verwendet werden können und auch in den Rezepten in diesem Buch statt der selbst gemachten Brühe verwendet werden können.

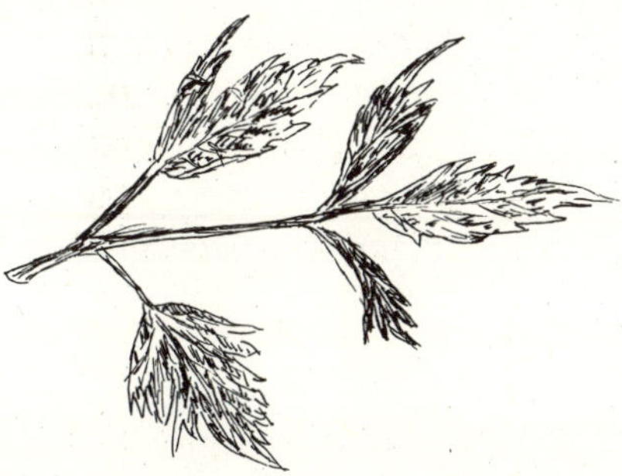

Niedersächsische Hochzeitssuppe

Zu Zeiten meiner Großmutter wurden zu den Hochzeiten das ganze Dorf sowie die weitreichende Verwandtschaft eingeladen. Damit ein großes Zelt aufgebaut werden konnte, feierte man die Hochzeiten möglichst im Sommer. Zweihundert Gäste waren dabei keine Seltenheit. Die Vorbereitungen dauerten mehr als eine Woche und die gesamte Nachbarschaft wurde dabei einbezogen. Natürlich kam bei solchen Anlässen so viel Fleisch wie möglich auf den Tisch. Die Nachbarn brachten je ein Suppenhuhn. Die Hühner wurden in dem sogenannten »großen Topf«, in dem sonst die Kartoffeln für die Schweine gekocht wurden, in reichlich Wasser gegart und später zu Frikassee verarbeitet. Die Brühe bildete die Grundlage für die traditionelle Hochzeitssuppe, die in dem großen Topf bereitet wurde.

Diese Suppe kann mit jeder anderen Brühe, also auch mit einer guten Gemüsebrühe, gekocht werden. Da mir die Suppe bei den Hochzeiten immer am besten geschmeckt hat, wohl wegen der Blumenkohlröschen und des leckeren Eierstichs, möchte ich sie hier vorstellen.

Die Suppe wird wie folgt zubereitet:
Für vier Personen nehmen wir etwa
2 l gute fette Gemüsebrühe (siehe Seite 21)
1 Porreestange (das Grüne für die Brühe)
1 Blumenkohl (Strunk für die Brühe verwenden)
1 Tasse kleine Suppennudeln aus Hartweizengrieß
1 große Portion Eierstich (siehe Seite 64)
fein gehackte Petersilie

Zunächst die gute Gemüsebrühe bereiten. Das Weiße des Porrees in feine Ringe schneiden. Vom Blumenkohl nur die Röschen nehmen (nicht zu groß). Den Porree und die Blumenkohlröschen in die Brühe geben. Bei milder Hitze zehn Minuten garen. Dann die Suppennudeln dazugeben. Weiter kochen lassen, bis die Nudeln gar sind.
Inzwischen den Eierstich zubereiten.
Die fertige Suppe in eine Terrine füllen. Den Eierstich dazugeben, durchrühren. Die gehackten Kräuter darüberstreuen und servieren.
Wenn im Mai geheiratet wurde, kamen Spargelstücke in die Suppe.

Im Winter kochte meine Oma diese Suppe anstatt mit Blumenkohl mit Rosenkohl. Auch das ist sehr zu empfehlen.

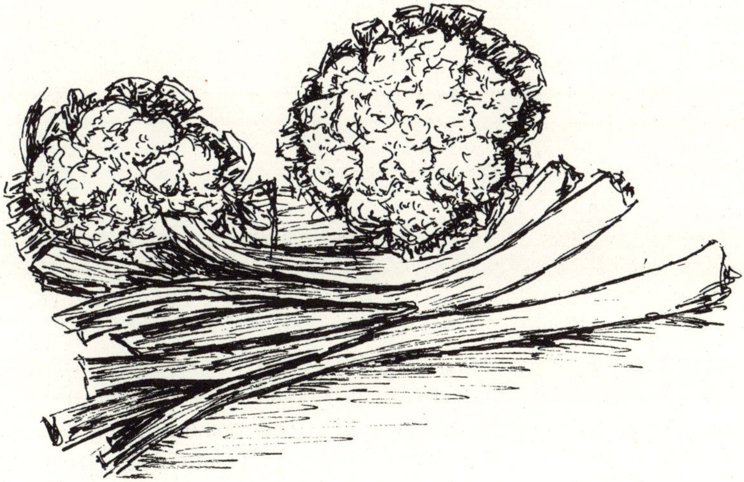

Rote-Bete-Suppe

Rote Bete wächst auch auf sauren und mageren Sandböden, ist sehr anspruchslos, verträgt Frost und kann in sogenannten Mieten für den Winter eingelagert werden. Gebräuchlich ist sie besonders in den Niederlanden, dem gesamten norddeutschen Raum, Polen und Russland. Es gibt eine Vielzahl sehr guter Suppenrezepte. Wir bauten Rote Bete in meiner Kindheit in großer Menge an. Den Kindern wurde der Saft der Roten Bete bei sogenannter Blutarmut zum Trinken gegeben.

Das folgende Rezept basiert auf den in unserer Gegend üblichen Eintopfrezepten. Die saure Sahne ist eher im ostpreußischen Raum üblich.

500 g Rote Bete
500 g Kartoffeln
1 – 2 Stangen Porree
1 Zwiebel
1 Bund Dill oder Petersilie oder Schnittlauch
2 EL Butter
etwas Öl
1¼ l Gemüsebrühe (siehe Seite 21)
1 Lorbeerblatt
200 g saure Sahne
Salz
Pfeffer

Die Rote Bete und die Kartoffeln schälen und würfeln. Den Porree in Ringe schneiden. Die Zwiebel schälen und würfeln. Die Kräuter hacken (oder tiefgekühlte Kräuter verwenden).
Butter und Öl im Topf schmelzen, nicht zu heiß werden lassen. Die Zwiebel darin glasig dünsten. Den Porree dazugeben und kurz mitdünsten. Nun die Rote Bete dazugeben, mit einem Liter Gemüsebrühe auffüllen, das Lorbeerblatt hinzugeben und fünf Minuten kochen lassen. Nun die Kartoffeln dazugeben. Eventuell weitere Gemüsebrühe hinzugeben, denn das Gemüse sollte mit der Brühe gerade bedeckt sein. Wieder zum Kochen bringen. Wenn das Gemüse nach etwa 15 bis 20 Minuten gar ist, den Topf vom Herd nehmen und die saure Sahne unterrühren.

Mit Salz und Pfeffer abschmecken und mit frischem Dill oder anderen Kräutern verfeinern und servieren.

❍ Wie beim russischen Borschtsch die saure Sahne dazureichen. Eine kleine Zwiebel und viele frische Kräuter hacken und mit auf den Tisch stellen. Dann zunächst Suppe in den Teller geben, saure Sahne in die Mitte darauf und die Kräuter um die Sahne herum. Diesen Tipp habe ich von meiner Kollegin Tamara.

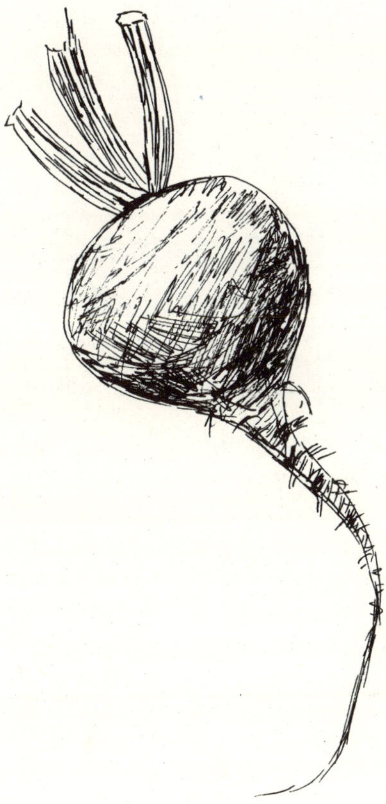

Friesische Kartoffelsuppe

Diese Suppe habe ich in Schleswig-Holstein kennen gelernt. An der Nordseeküste und auf den nordfriesischen Inseln wird sie mit frischen Krabben gereicht, die dort Granat genannt und täglich fangfrisch angeboten werden.

Es ist davon auszugehen, dass diese Suppe in bäuerlichen Haushalten häufig auf den Tisch kam, da die Zutaten dafür immer zur Hand waren.

500 g Kartoffeln
1 Stange Porree
40 g Butter
etwas Öl
750 ml – 1 l Gemüsebrühe (siehe Seite 21)
150 – 200 g süße Sahne oder 250 ml Milch
Salz
Pfeffer
1 Bund frische Kräuter

Die Kartoffeln schälen und würfeln. Den Porree in Ringe schneiden. Die Butter bei milder Hitze im Topf schmelzen. Etwas Öl dazugeben, damit die Butter nicht verbrennt. Den Porree in der Butter andünsten. Die Kartoffeln dazugeben und mit Gemüsebrühe bedecken. Langsam etwa 20 Minuten gar köcheln lassen. Die Suppe pürieren. Die Sahne leicht anschlagen und in die Suppe rühren. Salzen und pfeffern. Die Suppe von der Kochstelle ziehen und die frischen, fein gehackten Kräuter unterheben.

❍ Anstatt Sahne kann man auch Milch verwenden.

Betenbartsch (ostpreußische Rote-Bete-Suppe)

Betenbartsch war besonders bei den armen Menschen im ostpreußischen Raum sehr beliebt und gilt als eines der besonderen traditionellen Gerichte dieser Region. Schon wegen der Lagerfähigkeit der Roten Bete war diese Suppe ein typisches Wintergericht.

Die wenigen Zutaten lassen darauf schließen, dass hier aus der Not eine Tugend gemacht wurde, um eine schmackhafte Mahlzeit zu erstellen. Anstatt saurer oder süßer Sahne verwendeten die einfachen Leute früher auch saure Milch.

500 g Rote Bete
1 Zwiebel
etwas Öl
20 – 30 g Weizenvollkornmehl
1 l Gemüsebrühe (siehe Seite 21)
1 TL Majoran (frisch oder getrocknet)
1 TL Vollrohrzucker oder Honig
1 EL Essig
1 EL Butter
200 g saure oder süße Sahne

Die Rote Bete schälen und würfeln. Die Zwiebel pellen und klein schneiden und in dem Fett andünsten, bis sie glasig ist. Nun das Mehl einrühren. Die Gemüsebrühe auffüllen und die Rote Bete und den Majoran hinzugeben. Die Suppe etwa 30 Minuten garen. Mit Honig und Essig abschmecken. Die Butter einrühren.
Die Suppe in die Teller füllen und die saure oder süße Sahne in die Mitte geben und servieren.

❍ Die süße Sahne kann vorher etwas steif geschlagen werden.

Falsche Krebssuppe nach Tante Sissi

Diese Suppe stammt aus dem westfälischen Raum. Sie wurde ursprünglich mit Fischfond zubereitet. Die rote Farbe und der fischige Geschmack gaben ihr dann den Namen.

Die Rezepte variieren. Im Mindener Raum gibt man Fleisch zu den geraspelten Möhren.

In der Rezeptsammlung der Tante Sissi gibt es zwei Rezepte. In einer sehr einfachen Variante gibt sie die geraspelten Möhren in eine Brühe und bindet die Suppe mit Mehl. Das folgende Rezept ist aufwendiger und schmeckt viel besser. Deshalb habe ich mich für dieses Rezept entschieden.

250 g Möhren
1 Stück Knollensellerie
250 g Tomaten (ersatzweise 1 EL Tomatenmark)
½ Stange Porree, den unteren weißen Teil
1 große Kartoffel
20 g Pflanzenfett oder Butter
1 – 1½ l Gemüsebrühe (siehe Seite 21)
Salz
schwarzer Pfeffer
3 EL trockener Weißwein
(ersatzweise einige Spritzer Zitronensaft)
1 Bund Dill (frisch oder aus der Tiefkühltruhe), gehackt

Die Möhren und den Sellerie klein schneiden oder grob raspeln. Die Tomaten würfeln. Je nach Belieben vorher häuten. Den Porree klein schneiden. Die Kartoffel schälen und fein reiben.
Fett in einem Topf schmelzen. Möhren, Sellerie und Porree darin anrösten. Nun die Tomaten und die Brühe dazugeben. Das Gemüse etwa 15 bis 20 Minuten garen. Mit der geriebenen Kartoffel binden. Die Suppe pürieren oder durch ein Sieb streichen. Mit Salz, Pfeffer und Wein (ersatzweise Zitronensaft) abschmecken. Vor dem Servieren den gehackten Dill unterrühren, kurz durchziehen lassen, aber nicht mehr kochen.

❍ Traditionell wurde die Suppe als Hauptgericht mit einer kräftigen Scheibe Schwarzbrot gereicht. Ich empfehle sie als Vorspeise oder als Abendmahlzeit, ebenfalls mit einem kräftigen Vollkornbrot.

Kürbiscremesuppe nach altem Rezept

Die Heimat der Kürbisgewächse liegt in Südamerika, wo sie den alten Völkern neben Bohnen und Mais als Grundnahrungsmittel dienten.

In unseren norddeutschen Breiten wurde traditionell die große Sorte »Gelber Zentner« angebaut. Da die Lagerfähigkeit dieser Sorte begrenzt ist, verarbeitete man Kürbis als Einweck süßsauer oder zu Marmelade. Auch Kürbisbrot war bekannt.

Aus dem frischen Kürbis wurde Suppe gekocht. Nach dem Krieg geriet dieses Rezept fast in Vergessenheit. Seit einigen Jahren erfreut sich Kürbissuppe wieder großer Beliebtheit. Überhaupt gewinnt der Kürbis zunehmend in der gesunden Ernährung an Bedeutung. Kleinere und aromatischere Sorten werden wieder vermehrt angebaut und auf den Wochenmärkten und selbst in Supermärkten angeboten.

Das folgende Rezept stammt von einer alten Dame aus Niedersachsen.

1 Zwiebel
2 EL Butter
1 kg Kürbismus (Kürbiswürfel in Wasser gekocht und püriert)
500 ml Wasser
gekörnte Gemüsebrühe
2 Eier
1¼ l Milch
Salz, Pfeffer, Muskatnuss
100 g geriebener Käse (z. B. Emmentaler oder Parmesan)
etwas gehackte Petersilie

Die Zwiebel schälen, würfeln und in Butter glasig dünsten. Kürbismus und Wasser dazugeben. Mit Brühe abschmecken. Kurz durchkochen lassen. Von der Kochstelle nehmen, Eier und Milch verquirlen und in die Suppe geben. Bei geringer Hitze unter Rühren erhitzen.
Mit Salz, Pfeffer und Muskatnuss abschmecken.
Die Suppe wird mit geriebenem Käse und Petersilie serviert.

❍ Als Vorspeise oder mit kräftigem Bauernbrot als Abendbrot!

Feine Kürbiscremesuppe

1 Zwiebel
1 EL Butter oder Pflanzenmargarine
1 kg Kürbiswürfel
2 – 3 Kartoffeln (beim »Gelben Zentner« nicht notwendig, dann mehr Kürbisfleisch verwenden)
1 l Gemüsebrühe, eventuell etwas mehr (siehe Seite 21)
100 g süße Sahne
Salz
Pfeffer
mildes Paprikapulver
Petersilie, Schnittlauch oder Dill

Die Zwiebel schälen und würfeln. In Butter oder Margarine andünsten. Die Kürbiswürfel hinzufügen und mit den Zwiebelwürfeln vermengen und kurz anbraten. Die geschälten und in Würfel geschnittenen Kartoffeln dazugeben. Mit Gemüsebrühe auffüllen. Die Kürbiswürfel sollten gerade bedeckt sein. Wenn das Gemüse weich gekocht ist, pürieren. Die Sahne unterrühren und mit Salz, Paprika und Pfeffer abschmecken.
Mit viel gehackten Kräutern anrichten, aber nicht mehr kochen.

Selleriesuppe nach Tante Sissi

Sellerie ist ein altes Gemüse und häufig Grundlage verschiedener Eintopfgerichte. Die folgende eher feine Suppe stammt aus der Rezeptsammlung der Tante Sissi, die ihre Kochkünste in einem feinen Haushalt des Großbürgertums erlernte.

2 große Sellerieknollen
500 g mehligkochende Kartoffeln
1 l Gemüsebrühe (siehe Seite 21)
80 g Butter oder 100 g süße Sahne
1 Bund frische Kräuter der Saison, gehackt

Die Sellerieknollen würfeln. Die Kartoffeln schälen und würfeln.
Das Gemüse mit Gemüsebrühe bedecken und etwa 20 Minuten gar kochen, anschließend pürieren.
Mit der Butter oder Sahne binden.
Nach Geschmack mit frischen Kräutern servieren.

❍ Eine leckere Wintersuppe! Als Vorspeise zu einem feinen Sonntagsessen.

Frühlingssuppe nach Tante Sissi

120 g Butter
2 Frühlingszwiebeln oder 1 Zwiebel
je 1 Handvoll gehackte Kräuter wie:
Schnittlauch, Petersilie, Kerbel, Estragon, Löwenzahn, Gänseblümchenblüten, junger Spinat
2 l Gemüsebrühe (siehe Seite 21)
1 große Kartoffel
2 Scheiben Weizenvollkornbrot
etwas Fett

Die Butter im Topf schmelzen (nicht zu heiß werden lassen). Die Zwiebel schälen, würfeln und in der Butter langsam glasig dünsten. Alle Kräuter hinzufügen, umrühren und mitdünsten. Die Gemüsebrühe auffüllen.
Die Kartoffel schälen, reiben und in die Suppe geben.
Die Suppe etwa zehn Minuten garen. Am Schluss pürieren.
Weizenbrot würfeln und mit etwas Fett in der Pfanne rösten. Die Brotwürfel in die Teller geben und die Suppe darübergeben.

Erbsenpüreesuppe

Diese Suppe wurde früher aus zu dick gewordenen Erbsen gekocht, die sich als Gemüsebeilage nicht mehr eigneten. Erbsenpulen war früher Aufgabe der alten Frauen und der Kinder. Es dauerte Tage, bis alle Erbsen gepult waren. Die feinen Erbsen wurden in Gläser eingekocht. Einen großen Teil der Erbsen trockneten wir mit der Pflanze. Später pulten wir sie aus. Das war der Vorrat für den Winter.

Die folgende Suppe wurde an den Erbsenpultagen frisch gekocht.

1 kg frische (oder tiefgefrorene) Erbsen
1½ l Gemüsebrühe (siehe Seite 21)
60 g Butter
1 Bund Petersilie

Erbsen, Brühe und Butter in einen Topf geben und die Erbsen etwa 15 Minuten garen. Dann durch ein Sieb streichen oder mit dem Pürierstab pürieren. Mit gehackter Petersilie bestreuen.

Ingrids Sauerampfersuppe (ostpreußisch)

Ingrids Mutter hat diese Suppe nach dem Krieg mindestens einmal in der Woche gekocht, im Frühling, wenn der Sauerampfer für den menschlichen Genuss geeignet ist. Die Mutter musste mit ihren drei Kindern aus Ostpreußen fliehen und hatte in den Nachkriegsjahren Mühe, genug Essen zu beschaffen. Da erinnerte sie sich an dieses alte Rezept aus ihren Kindertagen und kochte es für ihre Kinder.

Ingrid rät, die Suppe aufgrund des hohen Oxalsäuregehalts nicht so häufig zu essen, wenn man zu Nierensteinen neigt. Ansonsten wirkt Sauerampfer durchaus gesundheitsfördernd, da er im Frühjahr das Blut reinigt.

Nach dem Aufblühen sollte Sauerampfer nicht mehr gegessen werden, da er dann nicht mehr schmeckt.

500 g Sauerampfer (das ist ein großer Blätterberg) ohne Stiele
2 mittelgroße Zwiebeln
etwas Öl
1 l Gemüsebrühe (siehe Seite 21)
40 g Maisstärke
1 Eigelb
Salz
250 ml Buttermilch oder 250 g saure Sahne
2 EL Butter

Sauerampfer in wenig Wasser aufkochen. Dann mit dem Pürierstab zerkleinern. Wenn sich Fädchen bilden, diese aus den Püriermessern entfernen. Die Zwiebeln pellen und würfeln, in dem Öl glasig dünsten und zu dem Sauerampferpüree geben. Mit der Gemüsebrühe auffüllen und 15 Minuten kochen lassen. Die Maisstärke mit dem Eigelb und etwas Wasser verrühren. Die Suppe kurz aufkochen lassen und mit der angerührten Maisstärke binden, etwas salzen.
Buttermilch oder saure Sahne unterrühren. Am Schluss die Butter unterziehen.
Das Gericht sollte eine Konsistenz wie dickflüssige Soße haben.

❍ Dazu werden hart gekochte Eier und Pellkartoffeln gereicht.

Kerbelsuppe mit Hafergrütze

Diese sehr gesunde Suppe wurde in den bäuerlichen Familien im Frühjahr gekocht, wenn der Kerbel im Garten duftete. Zu dieser Zeit war das meiste eingelagerte Gemüse aufgebraucht. Die ersten Kräuter waren somit für den Vitaminhaushalt sehr wichtig. Kerbel durfte im Bauerngarten nicht fehlen.

Der Anbau von Kerbel ist relativ problemlos und lohnt sich durchaus, auch wenn man nur einen kleinen Garten hat.

Hafer wurde nicht nur wegen des relativ einfachen Anbaus, sondern auch wegen des guten Geschmacks in der Küche häufig verwendet. Hafergrütze finden wir in vielen alten Rezepten. Nach meiner Meinung wird die Verwendung von Hafer zu Unrecht meistens auf Haferflocken beschränkt. Besonders in der Vollwertküche sollte Hafergrütze viel mehr Beachtung finden, schon alleine des guten Geschmacks wegen.

1 dicke Zwiebel
150 g Hafergrütze, grob geschroteter Hafer
(man kann auch Buchweizengrütze verwenden)
50 g Butter
1 – 1½ l Gemüsebrühe, eventuell etwas mehr (siehe Seite 21)
Salz
Pfeffer
reichlich frisch gehackter Kerbel

Die Zwiebel schälen und hacken. Hafergrütze, Butter und gehackte Zwiebel in der Gemüsebrühe 30 bis 40 Minuten kochen, bis die Hafergrütze gar ist. Die Suppe durch ein Sieb streichen oder pürieren. Eventuell Flüssigkeit nachgießen und mit Salz und Pfeffer nachwürzen.
Reichlich gehackten Kerbel dazugeben, umrühren und servieren.

❍ Variation: Mit Sahne verfeinern.

Haferflockensuppe mit Kräutern nach Tante Sissi

Dieses Rezept habe ich im Wortlaut unverändert der handgeschriebenen Rezeptsammlung der Tante Sissi entnommen.

12 EL Haferflocken
1 l Milch
1 Handvoll Kräuter wie Kerbel, Petersilie, Spinatblätter, Portulak
1 Schalotte
Salz

Die Haferflocken mit der Milch übergießen und eine Stunde stehen lassen. Inzwischen werden die Kräuter fein gewiegt und die Schalotte gerieben. Die Suppe mit den Kräutern mischen, salzen. Vor dem Anrichten rührt man die Suppe gut durch.

Grünkernsuppe nach alter Bauernart

Grünkern ist eigentlich unreifes Dinkelkorn. Dinkel ist ein sehr altes Getreide. Wenn ein verregneter Sommer das Korn nicht reifen ließ, trockneten es die Bauern in ihrer Not in ihren Backöfen oder über einem Holzfeuer.

Tradition hat Grünkern besonders in Baden-Württemberg und dort im Bauland, dem östlichen Teil des Landes. In den Traditionsgebieten trocknete man Grünkern später auf sogenannten Darren, einer Trockeneinrichtung über einem Holzfeuer. Dadurch bekommt das Korn eine grünbraune Farbe und einen kräftigeren und rauchigen Geschmack.

Besonders beliebt waren Suppen aus Grünkern. Nachdem das Korn nach dem Krieg aus der Mode gekommen war, entdeckte es die Vollwertküche für sich neu. Heute ist Grünkern aus der Vollwertküche nicht mehr wegzudenken.

Hier ein Rezept aus der bäuerlichen Küche:

1 Zwiebel
200 g Grünkern
1½ l Gemüsebrühe (siehe Seite 21)
75 g Butter oder Pflanzenmargarine
1 – 2 Eigelb
frisch gehackte Kräuter der Saison

Die Zwiebel schälen und hacken. Den gewaschenen Grünkern mehrere Stunden einweichen, mit der Gemüsebrühe und der Zwiebel in einen Topf geben, Butter dazugeben und etwa 60 Minuten garen (die Garzeit richtet sich nach der Einweichzeit). Die Suppe durch ein Sieb streichen. Mit dem Eigelb binden. Frische Kräuter dazugeben, umrühren und servieren.

Nordfriesische Suppe aus Gerstengrütze mit Blumenkohl

Gerste (auf Plattdeutsch »Schegassen« oder »Gassen«) ist ein altes Getreide, das unter anderem als Viehfutter und zum Bierbrauen Verwendung fand und findet. Gerstengrütze kenne ich aus meiner Kindheit als häufiges Lebensmittel, meistens als Gerstensuppe (»Schegassensoppen«), weniger als Grütze, zu der sie auch verarbeitet wurde.

In unserer Gegend wurde Gerstensuppe mit Gerstengrütze, Porree, Zwiebeln und Möhren sowie viel fettem Speck gekocht. Es war eine typische Wintersuppe. Manchmal kamen auch noch Kartoffeln hinein. Das Rezept koche ich heute ohne Speck und verwende stattdessen gutes Pflanzenöl.

1 Zwiebel
Pflanzenöl oder Butter
120 g Gerstengrütze (Graupen)
etwa 2 l Gemüsebrühe (siehe Seite 21)
1 Stange Porree
einige Möhren
1 mittelgroßer Blumenkohl
weißer Pfeffer
100 g süße Sahne
viel frische Petersilie

Die Zwiebel schälen, hacken und im Öl andünsten. Die Gerstengrütze hinzufügen und unter Rühren kurz mitdünsten. Die Gemüsebrühe auffüllen und die Grütze so lange auf kleiner Flamme kochen, bis sie weich wird, aber noch nicht gar ist. Dabei umrühren.
Inzwischen Porree in Ringe schneiden, Möhren klein schneiden und Blumenkohl in kleine Röschen teilen. Das Gemüse in die Suppe geben. Eventuell Gemüsebrühe nachfüllen. Alles zusammen etwa 15 Minuten garen. Mit weißem Pfeffer abschmecken. Von der Kochstelle nehmen. Sahne unterrühren. Mit viel frisch gehackter Petersilie servieren.

Westfälisches Blindhuhn

Westfälisches Blindhuhn ist eindeutig der traditionellste Eintopf aus dem Westfalenlande. Er wird in manchen Gegenden auch »Gousefauer«, also Gänsefutter, genannt. Es kommt alles hinein, was der Garten hergibt und auch die Gänse gerne essen.

Im angrenzenden Niedersachsen gibt es eine weniger bekannte Variante, die ohne Birnen zubereitet wird.

200 g getrocknete weiße Bohnenkerne
1 Zwiebel
Pflanzenöl, z. B. Sonnenblumenöl
1½ l Gemüsebrühe (siehe Seite 21)
1 Bund Bohnenkraut
250 g Möhren
300 g grüne Bohnen, möglichst frisch, ersatzweise aus der Tiefkühltruhe
300 g Kartoffeln
2 – 3 Äpfel (geschält und geputzt etwa 200 g)
3 Birnen (geschält und geputzt mindestens 250 g)
Salz
weißer Pfeffer
frisch gehackte Petersilie

Die Bohnenkerne am Vortag in Wasser einweichen und am nächsten Tag abschütten.
Die geschälte und gehackte Zwiebel in einem Topf mit dem Öl glasig dünsten. Die Bohnenkerne dazugeben und mit der Gemüsebrühe und dem gehackten Bohnenkraut so lange kochen, bis die Bohnen weich werden, aber noch nicht gar sind (30 bis 40 Minuten).
In der Zwischenzeit das Gemüse putzen. Die Möhren in Scheiben schneiden, die grünen Bohnen in etwa zwei Zentimeter lange Stückchen, die Kartoffel würfeln. Möhren und grüne Bohnen in die Suppe geben und etwa zehn Minuten kochen. Die Kartoffeln dazugeben und weitere zehn Minuten kochen. Nun die in Stücke geschnittenen Äpfel und Birnen in den Topf geben.

Wenn das Gemüse gar ist, die Suppe mit Salz und weißem Pfeffer würzen. Am Schluss die gehackte Petersilie unterrühren und servieren.

❍ Traditionell wird die Suppe außerdem mit Zucker (Vollrohrzucker), eventuell sogar etwas Essig abgeschmeckt. In diesem Fall hilft nur Ausprobieren.

Eintopf von Möhren und Äpfeln nach Fias Art (westfälisch)

Dieses Rezept meiner Schwiegermutter Fia schmeckt besonders Kindern gut.

750 g Möhren
500 g Kartoffeln
750 g Äpfel
2 große Zwiebeln
Butter oder Pflanzenfett
1 ½ l Gemüsebrühe (siehe Seite 21)
Pfeffer
Salz
viel gehackte Petersilie

Das Gemüse putzen und klein schneiden. Äpfel schälen, vom Kerngehäuse befreien und in Scheiben schneiden.
Die Zwiebeln schälen, fein hacken und in dem Fett glasig dünsten. Die klein geschnittenen Möhren dazugeben. Mit der Gemüsebrühe auffüllen, den Topf mit dem Deckel bedecken und kochen lassen. Nach fünf Minuten die gewürfelten Kartoffeln dazugeben, kochen lassen. Nach etwa 15 Minuten, die Möhren und Kartoffeln sollten fast gar sein, die Äpfel dazugeben. Alles zusammen noch 5 – 10 Minuten garen.
Pfeffern und salzen.
Vor dem Anrichten viel gehackte Petersilie unterrühren.

❍ Variation: Die Äpfel zu Apfelmus kochen. Den Gemüseeintopf dick einkochen und am Schluss mit einem Stück guter Butter verfeinern. Dann die Petersilie dazu.
Das Apfelmus dazureichen. So kennt es mein Vater von seiner Mutter, die aus der Nähe von Bremen stammte.

Schmurks
(friesischer Eintopf von Bohnen und Birnen)

Traditionell wird dieses Rezept mit geräuchertem Speck gekocht. Wer den rauchigen Geschmack mag, sollte unbedingt Räuchertofu in die Suppe geben.

2 Zwiebeln
750 g grüne frische Bohnen
750 g Kochbirnen
500 g Kartoffeln
Butter oder Pflanzenfett
1½ l Gemüsebrühe (siehe Seite 21)
1 Handvoll gehacktes Bohnenkraut
Salz
Pfeffer
Essig und Vollrohrzucker zum Abschmecken
150 g Räuchertofu

Die Zwiebeln pellen und grob hacken. Die Bohnen in zwei Zentimeter lange Stücke schneiden. Die Birnen schälen, vom Kerngehäuse befreien und vierteln. Die Kartoffeln schälen und würfeln.
Die Zwiebeln in dem Fett glasig dünsten. Die Bohnen dazugeben und durchrühren. Nun mit so viel Gemüsebrühe auffüllen, dass die Bohnen gut bedeckt sind. Das Bohnenkraut (notfalls getrocknetes nehmen) in den Topf geben. Gemüsebrühe zum Kochen bringen und nach etwa zehn Minuten die Kartoffeln dazugeben, durchrühren und weiter kochen lassen. Wenn Bohnen und Kartoffeln fast gar sind, die Birnen in die Suppe füllen. Gar ziehen lassen. Die Birnen sollten nicht zerkochen. Mit Salz und Pfeffer würzen. Am Schluss mit Weinessig und Vollrohrzucker süßsauer abschmecken.
Räuchertofu in kleine Würfel schneiden und am Schluss in der Suppe erhitzen oder gewürfelt in Butter braten und mit dem Fett in die Suppe geben.

Linseneintopf auf niedersächsische Art

In den 30er-Jahren hatten Soldaten ein Manöver in der Moorgegend meiner Großeltern. Meine Oma musste für die Offiziere die gute Stube eindecken, damit die Herren dort essen konnten. Der Koch hatte Linsensuppe bereitet. Meine damals 5-jährige Mutter wurde von den Soldaten eingeladen, mit ihnen zu essen. Die kleine Anneliese spürte aber, dass meine Großeltern gar nicht begeistert von diesem »Besuch« waren. So sagte sie selbstbewusst: »Euer Schweinefutter esse ich nicht«. Diese Geschichte hat meine Großmutter oft und gerne erzählt, dabei kochte sie selbst eine ausgezeichnete Linsensuppe.

Das folgende Rezept ist dem meiner Großmutter nachempfunden.

200 g braune Linsen
1 – 2 Stangen Porree
2 – 3 Möhren
½ Knolle Sellerie
500 g Kartoffeln
1 Zwiebel
Butter oder Pflanzenfett
1 – 2 l Gemüsebrühe (siehe Seite 21)
Salz
Pfeffer
Weinessig und Vollrohrzucker zum Abschmecken
fein gehackte Petersilie
eventuell Räuchertofu

Die Linsen am Abend vorher waschen und in Wasser einweichen.
Das Gemüse putzen und klein schneiden.
Die Zwiebel in dem Fett glasig dünsten. Den in Ringe geschnittenen Porree dazugeben, umrühren und kurz mit in dem Fett andünsten. Nun die Linsen dazugeben und mit Gemüsebrühe auffüllen. Die Linsen 20 bis 30 Minuten kochen, sie sollten fast gar sein. Nun das übrige klein geschnittene Gemüse dazugeben. Noch etwa 15 Minuten bei schwacher

Hitze kochen lassen, bis das Gemüse gar ist. Gut durchrühren. Wenn die Linsen und das Gemüse gar sind, mit Salz und Pfeffer würzen. Am Schluss mit Essig und Vollrohrzucker süßsauer abschmecken (vorsichtig mit einem Esslöffel Essig und etwas Vollrohrzucker anfangen, da Geschmackssache). Am Schluss mit der gehackten Petersilie servieren.

❍ Essig und Vollrohrzucker auf den Tisch stellen, falls noch jemand nachwürzen möchte.
Wer rauchigen Geschmack liebt, sollte am Schluss gewürfelten Räuchertofu in die Suppe geben.

Steckrübeneintopf auf niedersächsische Art

Steckrüben wurden besonders in Gebieten mit schlechten Böden und rauem Klima angebaut. Diese großen, sehr nahrhaften Rüben können zudem hervorragend für den Winter eingelagert werden. Der etwas süßliche Geschmack hat der Steckrübe in Norddeutschland den Namen »ostfriesische Ananas« eingebracht.

Nach dem Krieg, als die Menschen aus den Städten über Land zogen und »hamsterten«, stellte meine Oma immer einen Korb Steckrüben und einen Korb Kartoffeln vor die Tür, damit sich die hungernden Menschen daraus bedienen konnten. Sie hat nie etwas dafür genommen, obwohl sie selbst sehr arm war. Später erzählte sie mir, dass besonders die Reichen den »Hamsterern« ihre letzte Habe für etwas Essen genommen hätten.

Das folgende Rezept wurde in unserer Familie gekocht. Es schmeckt besonders gut durch die Kombination aus Steckrübe und getrockneten Bohnen.

200 g getrocknete weiße Bohnenkerne
1 Steckrübe
2 Zwiebeln
1 – 2 Stangen Porree
750 g Kartoffeln
Pflanzenöl, z. B. Rapsöl
1½ – 2 l Gemüsebrühe (siehe Seite 21)
eventuell Tofu
Salz
schwarzer Pfeffer
fein gehackte Petersilie oder gehackter Schnittlauch

Die weißen Bohnen am Abend vorher in Wasser einweichen.
Die Steckrübe schälen und würfeln (dabei darf man ruhig naschen, denn Steckrüben schmecken auch roh gut). Die Zwiebeln pellen und würfeln. Den Porree in Ringe schneiden. Dabei so viel Grün verwenden, wie möglich. Die Kartoffeln schälen und würfeln.

Die Zwiebeln im Fett glasig dünsten. Den Porree dazugeben, durchrühren und kurz mit andünsten. Nun die weißen Bohnen darauf geben, Gemüsebrühe auffüllen und Bohnen etwas weich kochen, je nach Größe etwa 30 Minuten.
Nun die Steckrüben und die Kartoffeln in die Suppe geben. Eventuell etwas Gemüsebrühe nachfüllen. Alles etwa 20 Minuten garen und gut umrühren. Als Eiweißspender eventuell gewürfelten Tofu mitkochen lassen. Mit Salz und viel schwarzem Pfeffer würzen.
Mit Petersilie oder Schnittlauchröllchen servieren.

❍ Variation: Frisch gehackte Zwiebeln dazuservieren, die sich jeder nach Geschmack in die Suppe gibt. Da man früher im Winter keine frischen Kräuter hatte, dienten rohe Zwiebeln als Ersatz. So esse ich sie heute noch.

Eintopf aus weißen Bohnen nach dem Rezept meiner Großmutter

200 g getrocknete weiße Bohnenkerne
1 Stange Porree
500 g Möhren
750 g Kartoffeln
1 Zwiebel
Butter oder Pflanzenfett
1½ – 2 l Gemüsebrühe (siehe Seite 21)
1 Bund Bohnenkraut, gehackt
1 Zweig gehackter Liebstöckel
150 g Räuchertofu

Die Bohnen am Tag vorher in Wasser einweichen.
Das Gemüse putzen und klein schneiden bzw. würfeln.
Die geschälte und fein gehackte Zwiebel in dem Fett glasig dünsten. Den Porree dazugeben, durchrühren und kurz mitdünsten. Die Bohnen dazugeben und mit Gemüsebrühe auffüllen, bis die Bohnen gut bedeckt sind. Bohnenkraut (ersatzweise getrocknet) und Liebstöckel in den Topf geben. Die Bohnen 30 bis 40 Minuten kochen. Wenn die Bohnen fast gar sind, die Möhren dazugeben. Fünf Minuten kochen lassen. Am Schluss die geschälten und gewürfelten Kartoffeln in die Suppe geben. Eventuell Gemüsebrühe nachfüllen, sodass das Gemüse wieder bedeckt ist. Bei geringer Hitze 15 bis 20 Minuten garen.
Zum Schluss den Räuchertofu würfeln und in der Suppe erhitzen.

In einem Nachbardorf namens Wagenfeld wird die Suppe am Schluss mit einem guten Schuss Buttermilch versehen, noch einmal erhitzt und dabei gut gerührt, damit die Buttermilch nicht flockt. Das Gericht heißt »Anballerzel« (niederdeutsch, bedeutet vermutlich »angeballert«). Es hat heute noch in Wagenfeld Tradition und viele schwören darauf. Entweder man mag es besonders gern oder es sträuben sich einem die Nackenhaare. Dazwischen gibt es nichts. Es sieht etwas gewöhnungsbedürftig aus und hat einen fein säuerlichen Geruch. Probieren Sie es doch trotz-

dem einmal mit einer kleinen Menge aus. Vielleicht gehören auch Sie zu den Personen, die es dann zu ihrem Lieblingsessen erklären (das gibt es wirklich). Gesund ist es allemal.
Es gibt in unserer Gegend auch noch andere Gerichte, die »Anballerzel« genannt werden, diese werden ausschließlich aus Kartoffeln und Buttermilch gekocht.

Schnüsch (bunter Gemüsetopf auf nordfriesische Art)

Ein Sommergericht, wenn der Gemüsegarten für Überfluss sorgt.

250 g grüne frische Bohnen
250 g Möhren
250 g Kartoffeln
250 g ausgepulte Dicke Bohnen (Saubohnen)
500 ml Gemüsebrühe (siehe Seite 21)
250 g ausgepulte frische Erbsen
500 ml Milch
40 g Butter
Salz
viel fein gehackte Petersilie

Die grünen Bohnen in Stücke schneiden. Die Möhren putzen und würfeln. Kartoffeln würfeln (neue Kartoffeln mit Schale, alte vorher schälen). Die grünen Bohnen zusammen mit den Dicken Bohnen in einen Topf geben und mit Gemüsebrühe auffüllen. Etwa zehn Minuten kochen lassen. Nun die Möhren dazugeben. Nach weiteren fünf Minuten die Kartoffeln, zehn Minuten später die Erbsen in den Topf geben. Wenn das Gemüse gar ist, Gemüsebrühe abgießen und auffangen. Das Gemüse in eine Suppenschüssel geben und warm stellen.
Die Milch und die Gemüsebrühe mit der Butter erhitzen und kurz aufkochen. Mit Salz abschmecken. Viel gehackte Petersilie einrühren. Über das Gemüse gießen und servieren.

❍ Man kann die einzelnen Gemüsearten auch variieren und einzeln kochen. Dann alles in einer Schüssel vermischen und weiter wie angegeben verfahren.

Sauerkrauteintopf

Sauerkraut gilt ja noch heute als *das* deutsche Nationalgericht, obwohl es gar nicht mehr viel gegessen wird. Oder wann haben Sie zuletzt Sauerkraut gekocht? Dabei ist es sehr gesund und sollte in der Vollwertküche nicht fehlen.

Als ich noch ein Kind war, wurde im Spätherbst der Weißkohl gehobelt und dann mit Salz in einem Steintopf gestampft. Ich musste immer die Hobelmaschine drehen. Das hat mir viel Spaß gemacht. Meine Oma hat das Stampfen übernommen, was sehr anstrengend war. Bis Weihnachten musste das Sauerkraut dann gären. Am Heiligen Abend wurde es zum ersten Mal probiert.

Besonders die Äpfel machen das folgende alte Rezept, das ich von meiner Mutter abgeschaut habe, sehr lecker.

1 – 2 Zwiebeln
Butter oder Pflanzenfett
500 g Sauerkraut
125 ml oder etwas mehr Flüssigkeit (Wasser mit Apfelsaft)
1 Lorbeerblatt
einige Wacholderbeeren
500 g Kartoffeln
3 Äpfel
200 g Räuchertofu
Salz, Pfeffer
Weißwein oder Apfelsaft zum Abschmecken

Die Zwiebeln pellen und in dem Fett glasig dünsten. Das Sauerkraut mit der Gabel lockern und zu den Zwiebeln geben. Mit der Flüssigkeit auffüllen und Lorbeerblatt und Wacholderbeeren dazugeben. Zum Kochen bringen. Nun Kartoffeln und Äpfel schälen und würfeln, ebenfalls einfüllen. Räuchertofu würfeln und dazugeben.
Den Eintopf etwa 20 Minuten garen. Salzen und pfeffern. Mit Apfelsaft oder Weißwein abschmecken.

❍ Variation: Mit saurer Sahne verfeinern, die am Schluss in die Suppe gerührt, aber nicht mitgekocht wird.

Obstsuppen

Im Sommer gab es Obst im Überfluss. Es wurde eingelagert, eingekocht und getrocknet, um im Winter als Vorrat zu dienen. Frisches Obst aß Alt und Jung, so viel der Magen vertrug. Unsere Nachbarn hatten einen Pflaumenbaum, an dessen Früchten wir uns in jedem Jahr den Magen verdorben haben.

Das Apfelklauen mag noch manchem älteren Leser in Erinnerung sein. Am besten schmecken die Äpfel aus dem Nachbargarten, heißt es doch noch heute.

In den Gräben und an Waldrändern wucherten die Brombeeren, die wir Eimer für Eimer als Kinder pflückten. Am Wochenende zog die ganze Familie ins Moor, um Preiselbeeren zu sammeln. Mit dem Fahrrad fuhr man zum Blaubeerensammeln in die Wälder. Garten, Wald und Flur waren wahre Speisekammern und sind es immer noch!

Was lag näher, als von dem ganzen Überfluss ein schmackhaftes Mittagsmahl zu kochen. Fruchtsuppen waren bei allen gleichermaßen beliebt. Meistens dienten sie als Vorspeisen. An heißen Tagen aßen wir sie kalt als Hauptgericht. Im Winter gab es eine Variante aus getrockneten Früchten, zu denen wir Kartoffeln und geräucherte Mettenden aßen. Diese etwas seltsame Zusammenstellung kommt aus der Bremer Region und wurde von meinem Vater bevorzugt. Die Suppe aus getrockneten Früchten schmeckt heiß ohne Wurst viel besser.

Heiße Holundersuppe aus eingekochtem Holundersaft ist noch heute an sehr kalten Tagen eine meiner Lieblingssuppen, und das Rezept meiner Mutter (siehe Seite 56) ist das beste Rezept, das ich je ausprobiert habe.

Obstsuppe von frischem Obst je nach Saison

Das Obstjahr beginnt mit dem Rhabarber und endet mit den Hagebutten und den Schlehen.

Wenn uns im Frühling die frischen Rhabarberstangen anlächeln, ist die Zeit für Rhabarbersuppe gekommen. Danach geht es dann ganz schnell weiter, Erdbeeren, Himbeeren, Blaubeeren, Stachelbeeren, Johannisbeeren, Kirschen, Sauerkirschen, Pflaumen, Äpfel, Birnen, Quitten, Zwetschgen, Holunderbeeren und schließlich zum Ende des Jahres Hagebutten und Schlehen. Alle Früchte eignen sich hervorragend für frische Obstsuppen. Schlehen brauchen vor dem Verzehr Frost. Sie sind sonst so sauer, dass sich im Mund alles zusammenzieht. Wenn die Schlehen reif sind, hat es oft noch nicht gefroren. Deshalb pflücke ich die Früchte, wenn sie richtig schön sind, und friere sie anschließend ein.

Grundrezept für Obstsuppe aus frischen Früchten

500 g Obst
1 l Wasser
1 Stückchen unbehandelte Zitrone
1 Vanillestange
Zimtpulver, z. B. bei Apfel, Birne, Pflaume
etwa 10 g Maisstärke oder 30 g Sago
Vollrohrzucker, Honig oder Fruchtsirup nach Geschmack
eventuell einige EL Weißwein

Das Obst wird verlesen, gewaschen, von Kerngehäusen und Steinen befreit und klein geschnitten, je nach Obstart.
Nun muss das Obst mit dem Wasser und den Gewürzen in einem breiten Topf bei nicht zu starker Hitze weich gekocht werden (Kochzeit richtet sich nach den verwendeten Obstarten). Gut durchrühren oder durch ein Sieb streichen, um kleine Kerne zu entfernen. Wer eine »Flotte Lotte« hat, kann z. B. Äpfel, Birnen und Quitten sowie Hagebutten nach dem Kochen damit durchdrehen. Nun mit der Maisstärke oder dem Sago andicken. Hierzu die Maisstärke mit etwas Saft oder Wasser verrühren, in die heiße Suppe rühren und kurz aufkochen lassen.
Am Schluss die Suppe nach Geschmack mit Vollrohrzucker, Honig oder einem Fruchtsirup wie Birnen- oder Apfeldicksaft süßen.
Einige Esslöffel Wein verfeinern die Suppe.

❍ Sago muss in der Suppe gegart werden, es dauert etwa 15 Minuten, bis Sago durchsichtig und ganz weich ist. Schmeckt aber gut. Sago brennt leicht an, bitte bei geringer Hitze rühren.

❍ Die Suppe kann warm oder kalt gereicht werden.
Als Einlage eignen sich Grieß- oder Schneeklößchen (siehe Seite 65).

Rhabarberkaltschale

500 g Rhabarber
250 ml frisch gepresster Orangensaft
abgeriebene Schale einer unbehandelten Zitrone
½ Vanillestange
750 ml Wasser
30 g Sago
Vollrohrzucker nach Geschmack

Den Rhabarber schälen, in Stücke schneiden und mit dem Orangensaft, der Zitronenschale, der Vanille und dem Wasser zum Kochen bringen. Den Sago einrühren und bei sanfter Hitze köcheln lassen. Dabei häufiger umrühren, denn Sago kann anbrennen. Die Suppe ist fertig, wenn der Sago nach etwa 15 Minuten ganz durchsichtig ist. Am Schluss nach Geschmack süßen.

❍ Die Suppe kalt servieren.
Als Einlage empfehlen sich Schneeklößchen (siehe Seite 65).

❍ Variation: Frische Erdbeeren klein schneiden, vor dem Servieren in die Teller geben und mit der Suppe auffüllen. Dann Schneeklößchen dazugeben.

Feine Holundersuppe

Holunder war den alten Germanen heilig. Es ranken sich Märchen und Sagen um diesen Strauch, der nur dort richtig wächst, wo er sich seinen Boden aussuchen kann. Man sagt auch, die Frau Holle wohne unter dem Holunderbusch und wer einen Holunder ausreiße, werde krank oder müsse sogar sterben. Sicher ist, dass der Holunder eine sehr große gesundheitliche Wirkung hat, dass er wirklich etwas Heiliges an sich hat. Die Blüten ergeben einen schweißtreibenden Tee, der bei Erkältungskrankheiten wirkt, und die Beeren haben so viel Vitamin C, dass sie für den Winter in früheren Zeiten vermutlich sogar überlebenswichtig waren. Es ist schon erstaunlich, dass die Natur uns all das bietet, was der menschliche Körper benötigt.

Meine Oma wusste, dass Holundersaft im Winter das beste Mittel gegen Erkältung und Grippe ist, und so verarbeiteten wir große Mengen der Holunderbeeren zu Saft, der in Flaschen eingekocht wurde. Die ganze Familie versammelte sich, um die Beeren von den Rispen zu streichen – sei es mit Hilfe einer Gabel oder mit den Fingern. In großen Wannen wurden die Beeren gewaschen und in einem großen Einkochtopf mit etwas Wasser gekocht und danach durch ein Tuch gegossen, das über einen umgedrehten Schemel gebunden wurde.

Später bekamen wir einen Dampfentsafter, der die Herstellung sehr erleichterte.

Heute können Sie Holundersaft kaufen, wenn Ihnen das Sammeln der Beeren und die Zubereitung des Saftes zu aufwendig erscheinen.

500 g Holunderbeeren
1 l Wasser
abgeriebene Schale einer unbehandelten Zitrone
Saft einer Zitrone
20 g Maisstärke
Vollrohrzucker oder Honig nach Geschmack
eventuell etwas Apfelsaft

Die Holunderbeeren abstreifen, waschen, im Wasser mit der Zitronenschale weich kochen und durch ein Sieb streichen. Den Saft in den Topf zurück schütten und mit dem Zitronensaft erneut erhitzen. Die Maisstärke mit Wasser anrühren und die Suppe damit andicken. Mit dem Vollrohrzucker oder dem Honig nach Geschmack süßen. Ein Schuss Apfelsaft verfeinert die Suppe.

❍ Die Suppe wird mit Schneeklößchen (siehe Seite 65) kalt serviert.

❍ Wenn Sie fertigen Holundersaft verwenden, brauchen Sie lediglich noch die Maisstärke einzurühren und dann wie im Rezept beschrieben weiterverfahren. Für einen Liter Suppe benötigen Sie einen halben Liter Holundersaft und einen halben Liter Wasser. Sonst wie im Rezept beschrieben verfahren.

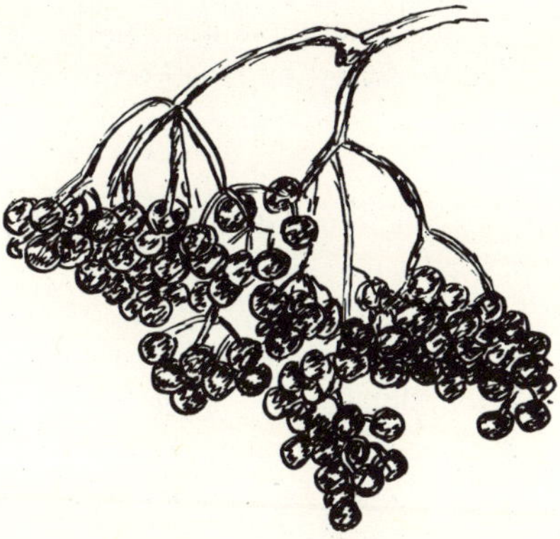

Holundersuppe mit Obst und Klößen

Diese Suppe wird an kalten Tagen im Herbst und Winter heiß gegessen, wenn so richtiges Erkältungswetter (»Schietwedder«) ist. Sie kann aus gekauftem oder selbst zubereitetem Holundersaft gekocht werden. Die Menge ist variabel. Meine Mutter hat diese Suppe häufig gekocht. Auch Kinder lieben diese gesunde Suppe.

500 g Holunderbeeren
1 – 1½ l Wasser
(oder 750 ml fertiger Holundersaft mit 750 ml Wasser verdünnt)
etwas abgeriebene Schale einer unbehandelten Zitrone
Saft einer Zitrone
2 Äpfel
2 Birnen
½ Tasse Korinthen
1 Zimtstange
Vollrohrzucker nach Geschmack
Grießklöße (siehe Seite 65) oder Mehlklöße (siehe Seite 66)

Die Holunderbeeren mit dem Wasser weich kochen und durch ein Sieb oder Tuch geben. Gut abtropfen lassen.
Den Saft in den Topf zurückgeben. Zitronenschale und den Zitronensaft zufügen.
Äpfel und Birnen schälen, entkernen und in dünne Scheiben schneiden. Die Korinthen waschen. Das Obst und die Korinthen mit der Zimtstange zu dem Holundersaft geben und zum Kochen bringen, anschließend Herdplatte herunterschalten.
Nun Grießklöße oder Mehlklöße in der Suppe garen.

❍ Die Klöße sind sehr wichtig in dieser Suppe. Viele bevorzugen Grießklöße. Mir schmecken Mehlklöße (Norddeutsch: »Mehlklüten«) besser. Das ist reine Geschmackssache und muss ausprobiert werden. Rezepte für Klöße im nächsten Kapitel, ab Seite 64.

Apfel-Quitten-Suppe

Viele Menschen kennen Quitten gar nicht mehr. Dabei sind diese alten Früchte sehr aromatisch. Es gibt Birnen- und Apfelquitten. Ein Quittenbaum oder -busch im Garten ist sehr dekorativ. Ich habe eine Apfelquitte. Im Frühling erfreut sie mit wunderschönen rosa Blüten und im Herbst mit riesigen gelben Quitten. Es gibt auch spezielle Zierquitten, deren Früchte kleiner, aber auch essbar sind.

Quitten sind nur gekocht genießbar. Die Früchte strömen einen wunderbaren Duft aus. Beim Kochen riecht es so aromatisch, dass man seine Nase über den Topf halten muss.

500 g aromatische Äpfel
500 g reife Quitten
1 l Apfelsaft
1 Zimtstange
Saft einer Zitrone
abgeriebene Schale einer unbehandelten Zitrone
250 ml Wasser oder Weißwein
1 – 2 EL Maisstärke
Zimtpulver zum Nachwürzen
Vollrohrzucker, falls nicht süß genug

Das Obst in Stücke schneiden, mit dem Apfelsaft und den Gewürzen in einen Topf geben und weich köcheln lassen. Das Obst durch die »Flotte Lotte« drehen oder durch ein Sieb streichen und in den Topf zurückgeben. Apfelsaft oder Wein dazugeben. Nun die Suppe mit der Maisstärke binden. Dazu die Stärke mit etwas Apfelsaft verrühren und in die heiße Suppe rühren. Einmal aufkochen lassen. Eventuell mit etwas Zimtpulver nachwürzen. Nach Geschmack mit Vollrohrzucker süßen, falls die Suppe nicht süß genug sein sollte.

❍ Variation: Leckermäuler geben noch etwas geschlagene Sahne in die Suppe!

Hagebuttensuppe

Wie Holunderbeeren haben auch Hagebutten einen hohen Vitamin-C-Gehalt. Je weiter Sie nach Norden kommen, desto mehr Wildrosenhecken werden Sie finden. Besonders an der Küste werden ihre Früchte, die Hagebutten, heute noch gepflückt. Sie können dann getrocknet werden oder man kocht Marmelade davon.

750 g frische Hagebutten, ersatzweise getrocknete Hagebutten, die vorher weich gekocht werden müssen
250 g Äpfel
500 ml Apfelsaft
1 l Wasser
40 g Maisstärke
Saft einer Zitrone
Honig, Vollrohrzucker oder Apfeldicksaft nach Geschmack

Hagebutten waschen und von den Blütenansätzen befreien. Äpfel schälen, das Kerngehäuse entfernen und Äpfel klein schneiden. Mit dem Apfelsaft und dem Wasser das Obst weich kochen und dann durch die »Flotte Lotte« drehen. Flüssigkeit im Topf lassen.
Wenn Sie keine »Flotte Lotte« (Passier-Gerät) haben, müssen Sie die Kerne aus den Hagebutten entfernen. Das ist eine furchtbare Arbeit. Nach dem Kochen alles durch ein Sieb passieren oder pürieren. Die Anschaffung einer »Flotten Lotte« lohnt sich, wenn Sie Hagebutten verarbeiten wollen.
Das Fruchtmus wieder in den Topf schütten. Maisstärke mit etwas Apfelsaft verrühren und in die Suppe rühren, kurz aufkochen lassen. Mit Zitronensaft und Honig, Vollrohrzucker oder Apfeldicksaft nach Geschmack süßen. Heiß oder kalt servieren.

❍ Variation: Anstatt Hagebutten können auch Schlehen genommen werden. Dazu entweder die Schlehen entsteinen (mühselig) oder die Schlehen mit den Äpfeln kochen und durch ein Sieb streichen (nicht ganz so mühselig).
Achtung: Schlehen benötigen vor dem Gebrauch Frost, eventuell in die Kühltruhe legen.

❍ Getrocknete Hagebutten können Sie in der Apotheke kaufen.

Obstsuppe von getrocknetem Obst

Trockenfrüchte waren früher in der Ernährung unverzichtbar, weil die verschiedenen Früchte, im Sommer getrocknet, lange haltbar waren. Folgendes Rezept wurde in unserer Familie recht häufig gekocht.

500 g Backobst (Äpfel, Birnen, Zwetschgen, Aprikosen)
1¼ l Wasser
ein Stück dünn abgeschnittene unbehandelte Zitronenschale
1 Vanillestange
1 – 2 EL Maisstärke
eventuell Vollrohrzucker zum Nachsüßen (meistens nicht notwendig)
eventuell etwas Zimtpulver

Das Backobst abspülen und in einem Teil des Wassers über Nacht einweichen.
Am nächsten Tag mit dem Einweichwasser und dem übrigen Wasser sowie den Gewürzen (Vanillestange aufschneiden) in einem breiten Topf weich kochen. Gut durchrühren. Die Maisstärke mit etwas Wasser verrühren und die Suppe damit binden.
Nach Geschmack mit etwas Vollrohrzucker nachsüßen.
Heiß oder kalt essen.

❍ Zur kalten Suppe passen Grießklößchen. Heiße Suppe würde ich mit Mehlklüten servieren, dann heißt das Gericht »Backobst mit Klüten« (Rezepte für Klöße im nächsten Kapitel).

❍ Variation: Wer möchte, kann die Suppe mit etwas Zimt würzen.

Suppeneinlagen

Suppeneinlagen sind für die traditionelle Küche sowie auch für die Vollwertküche von großer Bedeutung. Die meisten sind mühelos herzustellen und schmecken viel besser als Fertigprodukte, wobei viele Suppeneinlagen gar nicht käuflich zu erwerben sind. Mit diesen Suppeneinlagen werden Sie nicht nur bei Ihrer Familie Eindruck schinden.

Eiernudeln

1 Ei
100 g Weizenvollkornmehl
Salz
eventuell etwas Wasser

Aus den Zutaten einen Nudelteig kneten. Auf bemehlter Fläche dünn ausrollen.
Nun in beliebig lange und breite Streifen schneiden. In der Suppe garen.

❍ Geeignet für klare Suppen und Gemüsesuppen.

Flädlenudeln

1 Ei
50 g Weizenvollkornmehl
125 ml Milch oder Wasser
eventuell fein gehackte Petersilie
Fett zum Braten

Aus den Zutaten einen Eierkuchenteig rühren. In einer Pfanne daraus in dem Fett Pfannkuchen backen. Diese in feine Streifen schneiden und in die Suppe geben.

❍ Schmeckt in klaren Suppen, die als Vorspeise gereicht werden.

Eierstich

2 Eier
125 ml Milch
Salz
Muskatnuss
eventuell fein geschnittener Schnittlauch
Butter zum Ausstreichen des Gefäßes

Alle Zutaten in einer Schüssel mit dem Schneebesen gut durchschlagen. Eine große Tasse oder ein irdenes Gefäß mit Butter ausstreichen. Das Gefäß zu drei Viertel mit der Eimasse füllen. In einem Topf Wasser zum Kochen bringen. Das Gefäß mit der Eiermischung hineinstellen (ein Tuch auf den Topfboden legen, damit dass Gefäß nicht umkippt). Den Deckel auf den Topf legen und bei geringer Hitze nur köcheln lassen.
Wenn die Masse fest ist (nach etwa 20 Minuten) das Gefäß herausnehmen, die Eimasse vorsichtig stürzen und in Würfel schneiden.

Schwemmklößchen

125 ml Milch
10 g Butter oder Pflanzenmargarine
Salz
50 g Weizenvollkornmehl oder Dinkelmehl, fein gemahlen
1 Eigelb
eventuell etwas Muskatnuss
1 Eiweiß

Milch, Butter und Salz in einem Topf zum Kochen bringen. Das Mehl hineinstreuen und einen Kloß rühren. Das Eigelb wird in die noch heiße Masse gerührt. Muskatnuss nach Geschmack einarbeiten. Das Eiweiß zu Schnee schlagen und unter die kalte Masse heben.
Mit einem Teelöffel kleine Klößchen abstechen und diese in kochendem Wasser oder in der Suppe garen.

❍ Schwemmklößchen eignen sich besonders gut zu Cremesuppen. Für süße Suppen das Muskat weglassen.

Schneeklößchen

2 Eiweiß
1 – 2 EL Vollrohrzucker
eventuell 1 Messerspitze Zimtpulver

Das Eiweiß mit dem Vollrohrzucker steif schlagen. Mit einem Teelöffel kleine Klößchen abstechen und auf die Suppe geben und etwa fünf Minuten bei schwacher Hitze durchziehen lassen. Wenn es zur Suppe passt (z. B. bei Holunder oder Pflaumen) mit etwas Zimt würzen.

❍ Für süße Fruchtsuppen aller Art geeignet. Schneeklößchen schmecken nicht nur Kindern gut.

Grießklößchen

125 ml Milch
Salz
eventuell Muskatnuss
60 g Grieß
1 Eigelb
1 Eiweiß

Die Milch mit Salz (und eventuell Muskat) zum Kochen bringen. Den Grieß einlaufen lassen und zu einem Kloß rühren. Das Eigelb unter die heiße Masse rühren. Das Eiweiß zu Schnee schlagen und unter die kalte Masse heben.
Mit einem Teelöffel kleine Klöße abstechen und in der Suppe etwa fünf Minuten bei schwacher Hitze garen.
Diese Klöße schmecken in frischer Erbsensuppe oder anderen Suppen ausgezeichnet.

❍ Für viele Fruchtsuppen sind Grießklößchen einfach notwendig, dann natürlich Muskat weglassen.

Mehlklöße (Klüten)

3 Eier
100 g Dinkelmehl, fein gemahlen

Aus den Zutaten einen Teig schlagen. Mit einem Teelöffel Klöße abstechen und in die Suppe geben.

❍ Mehlklöße eignen sich für Fruchtsuppen und für Milchsuppen oder für Backobst mit Klüten.

Salate

Bei den Salaten spielt die Verfügbarkeit der verschiedenen Gemüse- oder Obstarten in den verschiedenen Jahreszeiten eine Rolle. Im Frühjahr kamen Wildkräuter auf den Tisch, im Sommer gab es frische Salate aus dem Garten und im Winter Eingelagertes, Eingelegtes oder durch Einkochen Konserviertes.

Einige Salatrezepte haben Weltruhm erlangt, wie z. B. der Waldorfsalat. Andere hatten ihren angestammten Platz an Feiertagen, etwa an Weihnachten der Rote-Bete-Kartoffel-Salat mit Äpfeln und Salzgurken. Diese alten Salatrezepte sind heute fast in Vergessenheit geraten. Ich möchte einige hier wieder aufleben lassen.

Tante Finks Löwenzahnsalat

Das folgende Rezept ist aus dem Allgäu. Bei Familie Fink gibt es diesen Salat häufig, wenn im Frühjahr der Löwenzahn ganz zart ist.

etwa 150 g junge Löwenzahnblätter
3 EL Essig
5 EL Maiskeimöl
2 hart gekochte Eier, fein gewürfelt
Salz
Pfeffer

Die Löwenzahnblätter etwa 20 Minuten in lauwarmes Wasser legen, damit sich die Bitterstoffe etwas verlieren.
Aus den übrigen Zutaten eine Marinade machen. Dafür zunächst Essig, Öl, Salz und Pfeffer gut verrühren. Am Schluss die Eier unterrühren. Das Ganze über die abgetropften Löwenzahnblätter geben.

Waldorfsalat

2 mittelgroße Sellerieknollen
3 säuerliche Äpfel
Saft einer Zitrone
gehackte Walnüsse
80 g Mayonnaise
Salz, Pfeffer, Vollrohrzucker
4 EL süße Sahne

Sellerie schälen, in Scheiben schneiden und in Salzwasser kurz kochen. In kleine Würfel schneiden. Die Äpfel würfeln, mit Zitronensaft beträufeln. Sellerie, Walnüsse und Äpfel mischen.
Aus der Mayonnaise, den Gewürzen und der Sahne eine Soße rühren. Den Salat damit anmachen.

Weihnachtssalat

Dieses Rezept wurde in Westfalen zu Weihnachten zubereitet und am Heiligen Abend abends und auch an den folgenden Tagen gereicht. Deshalb machte man größere Mengen davon.

In Niedersachsen gab man klein geschnittenen Hering dazu. Meine Oma buk dazu frische Weizenbrötchen.

Wir benötigen zu gleichen Teilen:

gekochte Rote Bete
gekochte, gepellte Kartoffeln
eingelegte oder eingekochte Gurken
geschälte säuerliche Äpfel
dazu: Mayonnaise, Salz, Pfeffer, Vollrohrzucker

Gemüse und Äpfel in kleine Würfel schneiden (je kleiner, desto besser). Mit einer guten Mayonnaise gut vermischen. Mit Salz, Pfeffer und Vollrohrzucker abschmecken.

Rettichsalat

Diesen Salat habe ich im Rheingau kennen und lieben gelernt. Den Winterrettich, den ich bis dahin noch gar nicht kannte, baue ich jetzt selbst in meinem Garten an.

etwa 500 g Winterrettich
Salz
200 g saure Sahne
etwas Zitronensaft
Meerrettich nach Geschmack

Den Winterrettich schälen und grob raspeln. Mit Salz bestreuen und etwas ziehen lassen. Nun mit der sauren Sahne, einem Spritzer Zitrone und dem Meerrettich abschmecken.

Rettichsalat mit Äpfeln

500 g Rettich
1 – 2 Äpfel
etwas Essig
Weizenkeimöl
Salz
Pfeffer

Den Rettich auf einer Reibe grob raspeln. Äpfel mit Schale auch raspeln. Mit den übrigen Zutaten nach Geschmack anmachen.

Spargel-Eier-Salat

Das nächste Rezept habe ich von meiner Mutter übernommen. Diesen Salat gab es in meiner Kindheit auf fast jeder Feier in unserer Gegend. Auf unseren norddeutschen Sandböden wächst Spargel sehr gut. Aus diesem Grunde hat der Anbau von Spargel Tradition. Es gibt auch heute noch viele kleine und große Spargelbauern. Zur Spargelzeit werden in vielen Orten Spargelfeste veranstaltet.

In der Spargelsaison kaufe ich größere Mengen und friere diese ein, damit ich auch später den folgenden Salat machen kann, z. B. zum Abendessen.

500 g Spargel
Salz
Vollrohrzucker
5 Eier
1 Bund Schnittlauch

Für die Marinade:
3 EL Mayonnaise
3 EL Joghurt
1 TL Senf
1 TL Vollrohrzucker
Salz
Pfeffer

Spargel schälen, in Stücke schneiden, in einen Topf geben, mit Wasser bedecken, Salz und Vollrohrzucker dazugeben. Den Spargel nur kurz (bissfest) kochen.
Die Eier sieben Minuten hart kochen, abschrecken, pellen und vierteln.
Den Schnittlauch in Röllchen schneiden. Alles in eine Schüssel geben.
Aus den übrigen Zutaten eine Marinade rühren und über den Salat geben.
Vorsichtig mischen und servieren.

Bohnensalat nach dem Rezept meiner Großmutter

Meine Oma baute viele gelbe Bohnen an, die sie pflückte, wenn sie noch besonders zart waren, und kochte sie in großen Mengen in Weckgläsern mit Wasser und etwas Salz ein. Diese wurden besonders im Winter als Salat gegessen.

1 kg gelbe Salatbohnen (ersatzweise grüne)

Für die Marinade:
1 gehackte Zwiebel
4 EL Weinessig
6 EL Maiskeimöl
Salz
weißer Pfeffer
1 – 2 TL Vollrohrzucker
eventuell Bohnenkraut oder Petersilie

Die Bohnen in Salzwasser kochen, in eine Schüssel geben.
Aus den übrigen Zutaten eine süßsaure Marinade rühren und über die Bohnen geben.
Eventuell noch etwas Essig dazugeben. Gut pfeffern.

❍ Mit frischem Bohnenkraut oder Petersilie kann der Salat verfeinert werden.

Kartoffelsalat mit Mayonnaise

Wird auch heute noch gerne in Norddeutschland gegessen, besonders im Sommer, wenn die Grillsaison beginnt. Dazu schmeckt ein kühles Bier.

1 kg festkochende Kartoffeln
5 hart gekochte Eier
1 Glas Gewürzgurken
1 Zwiebel
Pfeffer
Salz
Essig
Maiskeimöl
etwas Vollrohrzucker
etwa 5 EL Mayonnaise
Schnittlauch
Petersilie

Die Kartoffeln mit Schale kochen, abschrecken, pellen und in Scheiben schneiden. Die Eier und die Gewürzgurken in kleine Würfel schneiden. Die Zwiebel pellen und würfeln und in eine Tasse geben. Mit kochendem Wasser übergießen, bis die Tasse voll ist, und die Zwiebel durchziehen lassen.
Nun die Kartoffeln, die Eier, die Gewürzgurken und die Zwiebel mit dem Wasser in eine Schüssel geben. So viel Gurkenwasser dazugeben, bis der Salat schön feucht ist. Mit Pfeffer, Salz, Essig, Öl und etwas Vollrohrzucker abschmecken. Am Schluss die Mayonnaise unterheben.
Die Kräuter hacken und über den Salat geben.

Schwäbischer Kartoffelsalat

1 kg festkochende Kartoffeln
1 Zwiebel
frische Gartenkräuter der Saison
125 ml Gemüsebrühe (siehe Seite 21)
1 TL Senf
2 EL Weinessig
Salz
Pfeffer
5 EL Sonnenblumenöl

Die Kartoffeln mit Schale kochen, abgießen und noch warm pellen. In Scheiben schneiden.
Die Zwiebel pellen und fein hacken. Die Kräuter hacken.
In einer Pfanne die Gemüsebrühe erhitzen. Mit Senf, Essig und Salz und Pfeffer abschmecken. Die fein gehackte Zwiebel dazugeben und umrühren. Nun von der Kochstelle nehmen und das Öl einrühren. Über die Kartoffeln gießen. Die Kräuter dazugeben und alles gut mischen.

❍ Richtig traditionell serviert man hierzu schwäbische Maultaschen!

Grützen und Breie

Das wichtigste Grundnahrungsmittel auf der ganzen Welt ist das Getreide. Es wird gemahlen und zu den unterschiedlichsten Broten gebacken oder ganz einfach zu Brei gekocht. Das war auch in unseren Breiten nicht anders. Zunächst gab es nur Wildgetreide, das von den Frauen und Kindern gesammelt wurde, bevor die Menschen lernten, das Getreide zu kultivieren und Getreidefelder anzulegen. Die Erträge waren viel geringer als heute. Trotzdem waren die Menschen auf das Getreide angewiesen. Eine Missernte konnte den Hungertod bedeuten. Wer kennt nicht das Märchen vom süßen Brei, in dem der Zaubertopf Mutter und Tochter vor dem Verhungern rettet. Das war wohl ein Hirsebrei, der da so überkochte, oder war es vielleicht ein Haferbrei, ein Gerstenbrei oder doch eine Buchweizengrütze? Wer weiß!?

Das Märchen vom süßen Brei

Es war einmal ein armes frommes Mädchen, das lebte mit seiner Mutter allein, und sie hatten nichts mehr zu essen. Da ging das Kind hinaus in den Wald, und begegnete ihm da eine alte Frau, die wusste seinen Jammer schon und schenkte ihm ein Töpfchen, zu dem sollt' es sagen: »Töpfchen, koche«, so kochte es guten süßen Brei, und wenn es sagte: »Töpfchen, steh«, so hörte es wieder auf zu kochen. Das Mädchen brachte den Topf seiner Mutter heim, und nun waren sie ihrer Armut und ihres Hungers ledig und aßen süßen Brei, so oft sie wollten. Auf eine Zeit war das Mädchen ausgegangen, da sprach die Mutter: »Töpfchen, koche«, da kocht es, und sie isst sich satt; nun will sie, dass das Töpfchen wieder aufhören soll, aber sie weiß das Wort nicht. Also kocht es fort, und der Brei steigt über den Rand hinaus und kocht immer zu, die Küche und das ganze Haus voll, und das zweite Haus und dann die Straße, als wollt's die ganze Welt satt machen, und ist die größte Not, und kein Mensch weiß sich zu helfen. Endlich, wie nur noch ein einziges Haus übrig ist, da kommt das Kind heim und spricht nur: »Töpfchen, steh«, da steht es und hört auf zu kochen; und wer wieder in die Stadt wollte, der musste sich durchessen.

Grützen und Breie waren eine Zeit lang sehr aus der Mode, sind jedoch heute aus der Vollwertküche nicht mehr wegzudenken. Vielleicht fand ich die Wiederentdeckung der Grützen und Breie so interessant, weil ich sie selbst noch nie gegessen hatte.

Noch ein Grund, einmal diese Rezepte auszuprobieren, ist der gesundheitliche Aspekt, da nur Vollkornprodukte in den Topf kommen.

Breie können als Süßspeisen zubereitet und mit Obst und Kompott angerichtet werden. Pikant dienen sie als Hauptgericht oder Beilage, mit Kräutern, Gemüse oder Käse verfeinert.

Grundrezept für Brei

Für die meisten Getreidebreie kann man von folgendem Grundrezept ausgehen: Auf eine Tasse Getreide nimmt man drei Tassen Flüssigkeit. Um Brei zu kochen, kann Salzwasser, Gemüsebrühe, Buttermilch oder Milch Verwendung finden. Genaue Mengenangaben und Kochzeiten sind schwer anzugeben. Maßgeblich ist, wie grob das Getreide geschrotet ist oder wie lange es vorher in Wasser eingeweicht wurde. Probieren geht auch hier über Studieren!

Hirsebrei

In Deutschland wurde die Hirse bis zum Anfang des 19. Jahrhunderts neben Roggen, Hafer, Gerste und Buchweizen angebaut, aber mit der Zeit von der Kartoffel und anderen Getreidearten verdrängt.

Heute wird die gebräuchliche Rispenhirse aus kontrolliert biologischem Anbau überwiegend aus den USA importiert.

Hirse enthält bis zu zehn Prozent Eiweiß und ist somit für die fleischlose Küche bestens geeignet. Weitere Inhaltsstoffe sind unter anderem Magnesium, Eisen, Fluor, Silizium und Kieselsäure, mit einer positiven Wirkung auf Haut, Haare und Nägel, sodass Hirse nicht nur gesund, sondern auch der Schönheit zuträglich ist.

Man nehme als Grundrezept:

250 g Hirse
750 ml Wasser
Salz oder gekörnte Gemüsebrühe
1 Zwiebel
Butter oder Pflanzenmargarine

Die Hirse heiß abspülen und mit dem Wasser und den Gewürzen in einen Topf geben. Die Zwiebel schälen, fein würfeln und dazugeben. Kurz aufkochen lassen und dann die Hitze drosseln. Auf kleiner Flamme 20 bis 30 Minuten ausquellen lassen. Am Schluss mit heißer Butter übergießen. Als Beilage zu fast allen Gemüsegerichten geeignet.

❍ Hirsebrei mit Gemüse und gewürfeltem Käse in einer Auflaufform mischen und etwa 15 Minuten im Backofen bei 180 bis 200 °C backen. Es eignet sich jedes gekochte Gemüse, blanchierter Spinat oder Mangold, frische Tomaten und Pilze sowie alle Käsesorten, die Sie auch sonst zum Überbacken verwenden.
Ein schnelles, sehr schmackhaftes und gesundes Gemüsegericht.

Süßer Hirsebrei

250 g Hirse
250 ml Wasser
750 ml Milch oder mehr!
1 Prise Salz
eventuell Vollrohrzucker oder Fruchtsirup nach Geschmack

Die Hirse heiß abspülen und mit dem Wasser in einem Topf aufkochen. Dann die Milch dazugeben und umrühren. Noch einmal zum Kochen bringen und Salz dazugeben. Auf kleiner Flamme ausquellen lassen. Dabei ab und zu umrühren und eventuell mehr Milch dazugeben, bis die Hirse weich ist. Das dauert etwa eine Stunde.
Nach Geschmack süßen. Dazu schmeckt uns warmes Apfelmus oder Pflaumenkompott besonders gut, geeignet ist dazu jedoch jedes andere Kompott oder frischer Obstsalat.

❍ Korinthen oder Rosinen mit ausquellen lassen und das Apfelmus mit Zimt würzen, z. B. in der Vorweihnachtszeit.

Buchweizengrütze

Diese Grütze war lange Zeit ein Grundnahrungsmittel in den wenig fruchtbaren Moor- und Heidegebieten in Norddeutschland, wenn diese kultiviert und in Ackerland umgewandelt wurden. Die Besiedlung erfolgte meistens von jungen Paaren, landlosen Knechten und Mägden aus den umliegenden Dörfern. Im ersten Jahr lebten sie häufig in aus Torf gebauten Hütten. Für ihre Ernährung brachten sie Buchweizen mit, den sie in ihren Heimatdörfern kauften. Meistens stachen sie im ersten Jahr Torf, den sie verkauften. Wenn sie ein Stück Heidefläche abbrannten, konnten sie dort dann eigenen Buchweizen säen. Dieser diente dann in den ersten Jahren als Grundnahrungsmittel. Der Buchweizen wurde in Wasser mit etwas Salz gegart. Es kamen die Zutaten dazu, die vorhanden waren, wie z. B. Milch oder Butter. Dazu aß man ein Stück Schwarzbrot.

Meine Großtante, die heute schon 102 Jahre alt ist, erinnert sich nur noch ungern an diese Zeit. Sie hat in ihrer Kindheit viel Buchweizen essen müssen. Rezepte wollte sie mir nicht verraten. »Darüber will ich nicht reden. Buchweizen ist nur für arme Leute. Das brauchen wir heute nicht mehr essen.« Es war nichts aus ihr herauszubekommen.

So müssen Sie sich hier mit folgendem Rezept begnügen:

250 g Buchweizen
500 ml – 750 ml Gemüsebrühe oder mehr (siehe Seite 21)
etwa 30 g Butter
1 Bund Petersilie

Den Buchweizen waschen und dann in einem Sieb mit kochendem Wasser übergießen, abgießen. Danach in die kochende Gemüsebrühe geben. Auf geringer Flamme mindestens 30 Minuten ausquellen lassen. Eventuell noch Gemüsebrühe nachfüllen und zwischendurch umrühren. In eine Schüssel geben und mit gebräunter Butter übergießen. Mit gehackter Petersilie anrichten.

❍ Ich reiche dazu Rote-Bete-Gemüse (siehe Seite 148).

Süße Buchweizengrütze

Auch von Buchweizengrütze gibt es eine süße Variante. Diese war weitaus beliebter als die einfache Grütze und kam auf den Tisch, wenn schon eine Milchkuh im Stall stand.

Dazu wird der Buchweizen zunächst mit Wasser weich gekocht und am Schluss Milch oder Buttermilch dazugegeben, die dann noch 15 Minuten mit dem Buchweizen quellen muss. Nach Geschmack mit Honig süßen. Dazu aß man Apfelkompott, Preiselbeer- oder Blaubeerkompott, Dreimus (siehe Seite 167) oder gekochte Birnen.

Hafergrütze

Hafer war zugleich Futter für die Pferde und Speise für die Menschen. Dank seines guten Geschmacks war und ist er vielfältig zu verwenden. Hafergrütze wurde zum Frühstück gegessen.

Für die einfache Hafergrütze nehme man:

250 g Hafergrütze (ganzer Hafer, grob geschrotet)
1 l Wasser
1 TL Salz
20 g Butter oder Pflanzenmargarine

Die Hafergrütze einige Stunden in kaltem Wasser vorweichen. Danach das Wasser mit dem Salz zum Kochen bringen und das Getreide hineingeben. Bei schwacher Hitze 30 bis 40 Minuten ausquellen lassen. Vor dem Anrichten die Butter erhitzen, bis sie braun wird, und über die Hafergrütze gießen.
Traditionell aß man dazu Milch oder Sahne, Kompott aus Äpfeln oder anderem gekochten Obst.

❍ Hafergrütze kann anstatt mit Wasser auch mit Milch gekocht werden. Dafür die Hafergrütze zunächst mit einer Tasse Wasser aufkochen, damit sie nicht so schnell ansetzt.

Haferflockenbrei

Galt früher als Krankenspeise und wurde für kleine Kinder gekocht.

125 g Haferflocken
etwa 1 l Milch
1 Prise Salz
eventuell etwas Butter
eventuell 1 EL Vollrohrzucker

Haferflocken, Milch und Salz in einen Kochtopf geben und unter Rühren zum Kochen bringen. Bei schwacher Hitze und unter Rühren zu Brei kochen. Eventuell mit etwas Butter verfeinern und mit dem Zucker bestreuen.
Mit Kompott servieren.

❍ Variation: Korinthen mit ausquellen lassen.

Grießbrei

Dieses Gericht war schon in Kindertagen mein Leibgericht. Meine Mutter kochte es häufig als Nachspeise, wenn es als Hauptgericht Gemüsesuppe gab.

1 l Milch
etwas Salz
120 g Vollkorngrieß
Vollrohrzucker oder Ahornsirup nach Geschmack

Milch zum Kochen bringen, salzen, von der Kochstelle nehmen und den Grieß einrühren. Hitze drosseln und den Grieß unter Rühren garen. Wir essen Grießbrei ungesüßt. Wer möchte, kann mit etwas Vollrohrzucker oder Ahornsirup süßen.
Heiß oder kalt servieren und dazu Himbeer-, Erdbeer- oder Brombeersaft reichen.

❍ Variation: Eine kleine Tasse Korinthen waschen und mit dem Grieß in die Milch geben.

Gerstengrütze mit Gemüse

Gerste harmoniert geschmacklich gut mit Gemüse. Deshalb wird Gerste nicht nur als Viehfutter oder zum Bierbrauen verwendet.

Gerste wurde häufig zu Graupen (Rollgerste) verarbeitet. Hierzu wurde sie entspelzt, zerkleinert und kugelig geschliffen. Im Volksmund nannte man sie »Kälberzähne«. Graupen sind im Fachhandel auch heute noch erhältlich.

Mir schmeckt geschrotete Gerste besser.

250 g Gerstengrütze (Gerstenkörner, grob geschrotet)
1 l Gemüsebrühe oder mehr (siehe Seite 21)
1 Zwiebel
500 g Erbsen, Kohlrabi oder/und Möhren, Porree, Sellerie ...
Butter oder Pflanzenmargarine nach Belieben
1 Bund frische Kräuter

Die Gerste vorher einige Stunden in Wasser einweichen. Danach mit der Gemüsebrühe und einer geschälten und fein gehackten Zwiebel zum Kochen bringen.
Bei schwacher Hitze 30 bis 40 Minuten ausquellen lassen. Am Schluss etwas Fett unterrühren.
Das zerkleinerte Gemüse mit etwas Butter in Salzwasser bissfest garen. In die heiße Grütze geben und mischen. Am Schluss frisch gehackte Kräuter über die Speise geben.
Wenn das Gemüse mit der Grütze zusammen im Topf gegart werden soll, muss die Grütze fast gar sein. Darauf achten, dass das Gericht nicht anbrennt.

❍ Variation: Mein Vater erinnerte sich an ein Rezept, in dem man Gerstengrütze zusammen mit Backpflaumen garte und anschließend mit brauner Butter (siehe Seite 94), Zimt und Zucker (Vollrohrzucker) servierte.

Kartoffelgerichte

Als die Kartoffel von den Spaniern im 16. Jahrhundert nach Europa gebracht wurde, dauerte es noch lange, bis sie dem gemeinen Volke vertraut wurde. Zunächst wuchs sie in Parkanlagen der Adligen, weil sie so schöne Blüten hat. Es ranken sich zahlreiche Legenden um die Einführung der Kartoffel.

Hier in Norddeutschland hat Friedrich der Große die Kartoffel eingeführt. Das ist sicherlich ein Grund dafür, dass mein Opa eine hohe Meinung vom »Alten Fritz« hatte. Außerdem war Opa gebürtiger Preuße und erst durch seine Heirat ins »Hannoversche«, wie man hier sagt, gewechselt. Mein Opa liebte das Erzählen von Geschichten, und ich weiß nicht, ob die folgende Geschichte eine überlieferte Legende ist oder ob er sie selbst erfunden hat.

Als der »Alte Fritz« sah, dass seine Bauern immer wieder hungerten, beschloss er, den Kartoffelanbau einzuführen. So verteilte er Saatkartoffeln und wies seine Bauern an, Kartoffeln zu pflanzen. Diese wollten aber das fremdländische Zeug nicht und gaben sich keine Mühe beim Anbau. Die Alten im Dorfe behaupteten auch, dieses Kraut sei Teufelszeug, und wiesen darauf hin, dass die grünen Früchte, die aus der Blüte wuchsen, krank machten und sogar zum Tode führen könnten. Der »Alte Fritz« raufte sich die Haare und wurde langsam böse. Als sich gar ein Bauer weigerte, Kartoffeln anzubauen, ging der König höchstpersönlich zu demselben und versohlte ihm mit seinem königlichen Krückstock gehörig den Hintern. Das soll dann geholfen haben. Danach bauten die Bauern brav Kartoffeln an, aßen die Knollen, die in der Erde lagen und wurden immer satt. Die Kartoffel gedieh fantastisch im preußischen Sandboden, wo sonst nicht so viel wachsen wollte. Bald wurde die Kartoffel zum liebsten Grundnahrungsmittel im alten Preußen und über dessen Grenzen hinaus auch im »Hannoverschen«.

In meiner Kindheit gab es täglich Kartoffeln. Die alten Leute aßen morgens schon Bratkartoffeln mit Speck und Ei, das sogenannte »Bauernfrühstück«. Mittags war die Salzkartoffel wichtigste Beilage und abends gab es oft noch einmal Bratkartoffeln. Dabei kam die Pfanne auf den Tisch, und alle aßen gemeinsam aus dieser. Wer schnell essen konnte, hatte die Chance, auch satt zu werden. Dazu gab es ein Stück Schwarzbrot und Speck, roh oder gekocht.

Damals war die Kartoffelernte noch in jedem Jahr ein Fest. Alle Nachbarn halfen bei der Ernte, auch wir Kinder. Der Kartoffelroder lockerte zunächst die Erde. Danach krochen wir in Reihen über das Feld und sammelten die Kartoffeln ein. Abends wurde ein Kartoffelfeuer entfacht und darin Kartoffeln gegart. Diese waren zwar ganz schwarz, aber sie schmeckten trotzdem. Das war eines der schönsten Erlebnisse für uns Kinder. Die Erwachsenen feierten danach noch ein wenig. Mein Opa spielte Ziehharmonika, und dazu wurde Schnaps getrunken und gesungen. Das hatte man sich nach der anstrengenden Arbeit auch verdient.

Im Folgenden einige traditionelle Rezepte, nicht nur aus Norddeutschland.

Es gibt viele verschiedene schmackhafte Kartoffelsorten, von festkochend bis mehlig. Fragen Sie Ihren Kartoffelhändler. Noch ein Tipp: Kaufen Sie nur Kartoffeln aus biologischem Anbau, auch wegen des besseren Geschmacks.

Bratkartoffeln

1 kg festkochende Kartoffeln
1 Zwiebel
Öl zum Braten
Salz

Die Kartoffeln in der Schale kochen und pellen (junge Kartoffeln mit Schale verarbeiten). Danach in Scheiben schneiden. Die Zwiebel schälen und in kleine Würfel schneiden. Öl in der Pfanne erhitzen. Die Zwiebel darin glasig dünsten. Die Kartoffeln dazugeben und gleich salzen. Nun schön knusprig braten.

❍ Die Bratkartoffeln gab es früher zum Abendessen, um Brot zu sparen. Dazu aßen wir Apfelmus, eingelegte Gurken, Spiegeleier, Rote-Bete-Salat, grünen Salat oder Gemüse, das vom Mittagessen übrig war.

Bauernfrühstück

1 kg festkochende Kartoffeln
1 Zwiebel
Öl zum Braten
4 Eier
Salz
Schnittlauch

Die Kartoffeln mit der Schale kochen, erkalten lassen und pellen (oder gekochte Kartoffeln vom Vortag verwenden). Kartoffeln in Scheiben schneiden. Die Zwiebel schälen und in kleine Würfel schneiden. Das Öl in der Pfanne erhitzen und die Zwiebel darin glasig dünsten. Die Kartoffeln dazugeben, salzen und knusprig braten. Am Schluss die Eier darüberschlagen und stocken lassen, dabei umrühren. Alles mit Schnittlauchröllchen bestreuen. Die Pfanne auf den Tisch stellen, damit sich jeder bedienen kann.

❍ Heute serviert man dazu Gewürzgurken, Salatteller oder Salat aus Rote Bete.

Kartoffelgratin

1 kg Kartoffeln
150 g Butter oder Pflanzenmargarine
Salz
1 l Milch
eventuell geriebener Butterkäse

Die Kartoffeln schälen und in dünne Scheiben schneiden, in Wasser legen. Eine feuerfeste, flache Form mit Butter oder Margarine dick ausstreichen. Die Kartoffeln ziegelförmig in die Auflaufform schichten. Dabei jede Schicht kräftig salzen. Milch darübergießen und im Backofen bei etwa 160 bis 180 °C etwa 40 Minuten backen. Dann nach Geschmack den Käse darübergeben und noch einmal überbacken.
Figurbewusste können anstatt Milch auch Gemüsebrühe verwenden und den Käse weglassen. Schmeckt aber nicht so gut.
Schwerer wird das Gratin hingegen, wenn man die Milch mit Sahne anreichert, das schmeckt allerdings sehr gut.

❍ Als Beilage zu Bratlingen und Gemüse oder mit Salat servieren.

Geschichtete Kartoffeln

Das folgende Rezept stammt aus dem Allgäu, deshalb möglichst auch keinen anderen Käse verwenden, weil dann der Geschmack verfälscht würde. Besonders Bergkäse macht das Rezept lecker. Es ist eines dieser einfachen bäuerlichen Gerichte, die immer mehr in Vergessenheit geraten.

750 g Kartoffeln
200 g Bergkäse oder Emmentaler
250 ml Gemüsebrühe (siehe Seite 21)
etwas Essig
schwarzer Pfeffer
1 Zwiebel
50 g Butter

Die Kartoffeln schälen und in Salzwasser kochen.
Inzwischen den Käse reiben.
Gemüsebrühe zubereiten und mit etwas Essig und Pfeffer würzen.
Die Zwiebel pellen und in Ringe schneiden. Die Butter in einer Pfanne schmelzen und die Zwiebel darin bei nicht zu starker Hitzezufuhr braun werden lassen.
Wenn die Kartoffeln gar sind, diese noch heiß in Scheiben schneiden. In einer Schüssel jeweils eine Schicht Kartoffeln mit Käse bestreuen. Darüber etwas von der heißen Brühe gießen. So weiter verfahren.
Am Schluss das Ganze mit einem Salatbesteck oder zwei großen Löffeln wie einen Salat durchmischen. Dann die Zwiebeln mit dem Fett darübergeben. Dazu Salat der Saison servieren.

❍ Mit frisch gehackten Kräutern der Saison bestreut, bekommt dieses Gericht immer wieder ein neues Gesicht.

Kartoffelkoteletten nach Tante Sissi

Dazu schreibt Tante Sissi in ihrem handgeschriebenen Kochbuch:

Kartoffelkoteletten sind eine sehr gesunde Speise, besonders gut zu grünem Salat.
500 g kalte Kartoffeln vom Tage vorher werden auf dem Reibeisen gerieben und mit 100 g gerührtem Fett, vier Eidottern, Salz, ein wenig Maggi und sehr viel verwiegter Petersilie vermengt.
Diese Masse lässt man ungefähr eine Stunde lang stehen, damit sie ein wenig anzieht. Hierauf werden von dieser geschmeidigen Masse Koteletten geformt. Sie werden in dem übriggebliebenen Eiweiß und in Paniermehl gewendet und auf beiden Seiten in einer flachen Pfanne hellgelb gebacken.

Saure Kartoffeln nach Tante Sissi

Saure Kartoffeln sind ein sehr typisches westfälisches Gericht. Ich kannte es vorher nicht. Es ist überraschend lecker.

1 – 2 Zwiebeln
Fett zum Andünsten
1 EL Weizenvollkornmehl
500 ml Gemüsebrühe (siehe Seite 21)
Essig
Salz, Pfeffer
Vollrohrzucker
1 kg Kartoffeln

Die Zwiebeln pellen und würfeln. In dem Fett glasig dünsten. Das Mehl einrühren. Gemüsebrühe auffüllen. Mit den Gewürzen abschmecken. Es muss eine dünnsämige, braune, säuerlich süße Soße entstehen.
Kartoffeln in Scheiben schneiden (alte Kartoffeln eventuell schälen, ansonsten putzen und mit Schale verwenden). Die Kartoffeln in die Soße geben und darin 20 bis 30 Minuten bei schwacher Hitze garen lassen.

Dillkartoffeln (ostpreußisch)

Wie in vielen ostpreußischen Rezepten spielt auch hier die saure Sahne eine große Rolle. Deshalb sicherlich ein recht typisches Rezept.

1½ kg Kartoffeln
1 Zwiebel
250 ml Wasser
Salz zum Abschmecken
250 g saure Sahne
1 Bund frischer Dill (oder aus der Tiefkühltruhe)

Die Kartoffeln in der Schale kochen, pellen und in Scheiben schneiden. Die Zwiebel pellen und hacken. Mit dem Wasser und Salz aufkochen und die Kartoffeln hineingeben. Nun die saure Sahne dazugeben. Unter Rühren etwa zehn Minuten einkochen lassen.
Vor dem Servieren den gehackten Dill unterrühren.

Kartoffelbratlinge mit Quark nach Tante Sissi

750 g Kartoffeln
250 g Magerquark
1 Ei
1 EL Salz
1 Bund frische Kräuter, z. B. Petersilie oder Kerbel, gehackt
30 – 40 g Weizenvollkornmehl
Paniermehl
Fett zum Braten

Die Kartoffeln am Tage vorher mit der Schale kochen.
Die Kartoffeln pellen und fein reiben. Mit dem Quark, dem Ei, Salz, den gehackten Kräutern und dem Mehl gut vermischen. Paniermehl auf ein Brett streuen und den Teig daumendick darauf verteilen. In etwa zwölf Stücke schneiden. Mit Paniermehl bestreuen. Nun in einer eingefetteten Pfanne von beiden Seiten braten.

Pickert (ein ganz besonderer Kartoffelpfannkuchen)

Im Grenzgebiet des nördlichen Westfalens und des angrenzenden Niedersachsens gibt es ein bäuerliches Rezept, das sich heute noch großer Beliebtheit erfreut, den Pickert. Es handelt sich dabei um einen Kartoffelpfannkuchen. Natürlich gibt es unterschiedliche Rezepte sowie unterschiedliche Pickert-Sorten. Ein Pickert-Essen war und ist ein Festessen. In jedem bäuerlichen Haushalt gab es eine Pickert-Platte, eine gusseiserne Platte, die auf die Kochmaschinen gelegt wurde und sich so erhitzte. Dann rieb man sie vor dem Backen mit einer Speckschwarte ein.

Heute nehmen wir eine gusseiserne oder beschichtete Pfanne.

Das nachfolgende Rezept ist von einer sehr erfahrenen Pickert-Bäckerin, die ein kleines Landgasthaus betreibt. Es ist besonders interessant, weil es ohne Mehl auskommt.

Pickert auf Inges Art

2 kg rohe Kartoffeln
6 Eier
Salz
8 kleine gekochte Kartoffeln
2 EL süße Sahne oder mehr
etwas Pflanzenöl zum Braten

Die rohen Kartoffeln schälen und fein reiben. Die Flüssigkeit gut ausdrücken. Eier mit dem Salz unterschlagen. Die gekochten Kartoffeln fein reiben und unter die Masse geben. Mit der Sahne glatt rühren.
In eine gusseiserne oder beschichtete Pfanne etwas Pflanzenöl geben und kleine knusprige Pfannkuchen backen.

❍ Als Beilage werden traditionell Apfelmus und Zucker oder Zimtzucker gereicht.

Lappenpickert

Im nördlichen Westfalen (Stemwede) habe ich auf der Speisekarte eines renommierten bürgerlichen Lokales »Lappenpickert« entdeckt und gefragt, was das denn sei. Lappenpickert sind große Pickert-Pfannkuchen, die geviertelt serviert werden. Sie sollen dann saftiger sein.

1 ½ kg Kartoffeln
Salz
3 – 5 Eier
125 ml Milch oder 125 g süße Sahne
200 – 250 g Weizenvollkornmehl
etwas Fett zum Braten

Die Kartoffeln schälen und fein reiben. Die Flüssigkeit ausdrücken. Salz, Eier und Milch unterschlagen. Mit dem Mehl gut verrühren.
In eine gusseiserne oder beschichtete Pfanne etwas Fett geben und große Pfannkuchen backen, die traditionell mit einem großen Messer gewendet werden. Wir versuchen es mit einem Pfannenwender oder Deckel.
Vor dem Anrichten werden die Pfannkuchen geviertelt. Mit Butter, Zucker (Vollrohrzucker, Sirup, Honig), Apfelmus und bei besonderen Anlässen auch Preiselbeerkompott servieren.

❍ Ich liebe Preiselbeerkompott (siehe Seite 168) und reiche es deshalb grundsätzlich dazu.

Buttermilchgetzen

Auch im Erzgebirge waren die Menschen arm. Besonders in hohen Lagen herrscht ein raues Klima mit viel Wind und Nebel. Einfache bäuerliche Gerichte prägen auch hier die traditionelle Küche.

800 g rohe Kartoffeln
400 g gekochte Pellkartoffeln, vom Vortag oder erkaltet
250 ml Buttermilch
Salz
Butter oder Pflanzenmargarine zum Braten

Die rohen Kartoffeln fein reiben. Die gekochten Kartoffeln pellen und ebenfalls fein reiben. Mit der Buttermilch gut vermischen und nach Geschmack salzen.
In dem Fett in einer Pfanne kleine Pfannkuchen backen.
Mit gedünsteten Heidelbeeren oder Backobst servieren (dazu getrocknete Zwetschgen, Äpfel, Birnen und Aprikosen in Wasser einweichen und dann in der Einweichflüssigkeit garen. Mit etwas Maisstärke andicken).

❍ Buttermilchgetzen schmecken auch mit einem grünen Salat.

Ofenkuchen

Ein Rezept aus dem Erzgebirge.

1 kg Kartoffeln
3 Eier
125 g Weizenvollkornmehl
1 – 1½ TL Salz
etwa 60 g Butter oder Pflanzenöl

Die Kartoffeln schälen, fein reiben und die Flüssigkeit ausdrücken. Mit Eiern und Mehl vermischen und gut durchschlagen. Nach Geschmack salzen. Der Teig muss gut durchgearbeitet werden.
In einer Eisenpfanne oder hohen Auflaufform etwa 40 g Butter erhitzen und den Teig einfüllen. Mit der restlichen Butter belegen und im Backofen bei 200 °C 60 Minuten backen.

Gebackene Kartoffelhälften (böhmische Spezialität)

1 kg Kartoffeln
Kürbiskern-, Oliven- oder Sesamöl
1 TL Salz
1 – 2 Knoblauchzehen, je nach Geschmack
Sesamkörner, Kümmel oder Kürbiskerne

Kartoffeln gut waschen und bürsten, halbieren.
Aus dem Öl, Salz und gepressten Knoblauch ein Ölgemisch herstellen, und die Kartoffelschnittflächen damit bestreichen. Auf ein Backblech legen. Außenseiten der Kartoffelhälften ebenfalls bestreichen.
Mit Sesamkörnern, Kümmel oder Kürbiskernen bestreuen.
Bei 200 °C 30 bis 40 Minuten gar backen.

Kartoffelklöße mit Majoran (böhmische Spezialität)

10 große Kartoffeln
Salz
Pfeffer
2 EL gehackter Majoran
1 – 2 Eier
20 – 30 g Butter
100 g Hartkäse

Die Kartoffeln schälen und kochen, abgießen und zu Brei stampfen. Mit Salz, Pfeffer, Majoran und dem Ei (den Eiern) zu einem Teig kneten. Etwa drei Zentimeter dicke Klöße formen. Wasser zum Kochen bringen und salzen. Die Klöße darin in etwa 15 Minuten bei geringer Hitze gar ziehen lassen. Das Wasser abgießen. Die Klöße in eine Auflaufform geben. Butter schmelzen und über die Klöße geben. Mit geriebenem Hartkäse bestreuen und im Backofen etwa zehn Minuten bei 200 °C überbacken.

❍ Dazu passt Salat.

Marillenknödel

Marillenknödel sind eine Spezialität aus Österreich, die ich dort in einem Urlaub kennen gelernt habe. Seit dieser Zeit gehören sie zu meinen Lieblingsspeisen.

Für den Teig:
1 kg mehligkochende Kartoffeln
30 g Butter oder Pflanzenmargarine
1 – 2 Eier
etwa 150 g Weizenvollkornmehl
Salz
Muskatnuss

Für die Füllung:
8 Aprikosen
4 TL Vollrohrzucker oder Honig

Außerdem benötigen wir:
2 EL Paniermehl
20 g Butter
75 g Vollrohrzucker

Kartoffeln schälen, durchschneiden und in Salzwasser garen. Gut abdampfen lassen und sofort stampfen. Die restlichen Teigzutaten darunterkneten. Die Aprikosen waschen und abtrocknen. Danach halb einschneiden und die Kerne entfernen. Statt der Kerne etwas Zucker oder Honig hineingeben. Aus dem Teig eine Rolle formen. Ein Stück davon abschneiden und eine Aprikose darin einwickeln. Einen schönen runden Kloß formen. Weiter so verfahren.

Wasser (nicht zu wenig) im Topf zum Kochen bringen. Die Klöße hineingeben, die Hitze drosseln und die Klöße etwa fünf Minuten köcheln lassen. Mit einer Siebkelle herausnehmen und in eine Schüssel geben. Das Paniermehl über den Knödeln verteilen.
Die Butter in einem Topf bis zum Schmelzpunkt (wenn es nicht mehr dampft und zischt und die Butter schön braun ist) bringen. Über die Marillenknödel geben. (Naschkatzen streuen noch Vollrohrzucker darüber.)

❍ Zur Pflaumen- oder Zwetschgenzeit kann man auch diese Früchte verwenden. Nimmt man Zwetschgen, kann man über den Zucker in der Mitte der Frucht noch Zimt streuen.

Schupfnudeln oder Bubespitzle

Ein bekanntes schwäbisches Gericht, das sich auch heute noch großer Beliebtheit erfreut.

1 kg Kartoffeln, am Tag vorher gekocht
2 Eier
Salz
Muskatnuss
ganz fein gewiegte Petersilie
250 – 300 g Weizen- oder Dinkelvollkornmehl, sehr fein gemahlen
Fett zum Braten

Die Kartoffeln vom Vortag pellen und fein reiben. Mit den übrigen Zutaten vermischen und einen Teig kneten. Der Teig muss gut zusammenhalten. Fingerlange und fingerdicke Nudeln formen. Diese einmal kurz im kochenden Wasser aufkochen, herausnehmen und abtropfen lassen. Danach Fett in einer Pfanne erhitzen und die Nudeln darin goldbraun backen.

❍ Variation: In heißem Fett backen, dann in eine Auflaufform füllen, ein Ei mit 3 EL süßer Sahne verquirlen und über die Nudeln gießen. Dann im Backofen etwa 30 Minuten bei 180 bis 200 °C backen. Dazu einen frischen Salat servieren.

Bratlinge und falsche Braten

Ursprünglich entstanden Bratlinge aus der Not heraus als Fleischersatz. Sie wurden aus Gemüseresten, Getreide und Hülsenfrüchten hergestellt. Daraus entwickelten sich vornehmlich in der bürgerlichen Küche raffinierte Gerichte.

Folgende Rezepte haben ihre Grundlage in dem handgeschriebenen Kochbuch der Tante Sissi aus Lüdinghausen im Münsterland. Nachdem sie Anfang des 20. Jahrhunderts in einem gutbürgerlichen Hause in Münster als Hausmädchen gelernt hatte, eine gute Küche zu führen und sich dementsprechend wie eine »Dame« zu benehmen, heiratete sie einen Geschäftsmann, der ein Textilgeschäft betrieb. Fortan führte sie selbst einen bürgerlichen Haushalt, was sie sichtlich genoss.

Wenn sie kochte, assistierten ihr dabei zwei Hausmädchen; eine stand links von ihr und eine rechts. Diese hatten das Gemüse zu putzen und der kochenden Tante Sissi die Zutaten zuzureichen. Kochen war ihre große Leidenschaft und sie schrieb ihre besten Rezepte säuberlich auf. Als sie älter wurde, achtete sie immer mehr auf ihre Gesundheit. Dabei wurde sie zur Anhängerin des Pfarrers Kneipp. Sie nahm regelmäßig an Kochkursen teil und schrieb diese Rezepte in ihr Buch.

Tante Sissi nahm nach dem Tode ihres Mannes Anfang der 40er-Jahre des letzten Jahrhunderts ihre Nichte Fia auf, meine jetzige Schwiegermutter. Diese hob das Büchlein zu meinem Glück auf.

Grünkernbratlinge

150 g Grünkernschrot
500 ml Gemüsebrühe (siehe Seite 21)
1 TL gerebelten Majoran
1 Zwiebel
Butter oder Öl
1 Knoblauchzehe
1 Ei
1 Tasse Paniermehl
gehackte frische Kräuter (nach Geschmack und Saison)
Pflanzenöl zum Braten

Grünkernschrot mit der Gemüsebrühe und dem Majoran aufkochen, von der Kochstelle nehmen und etwa eine Stunde quellen lassen.
Die Zwiebel schälen, klein würfeln und in der Pfanne in Butter oder Öl bei milder Hitze glasig dünsten.
Den Knoblauch schälen und zerdrücken. Jetzt alles mit den restlichen Zutaten vermischen.
Aus der Masse mit nassen Händen Bratlinge formen und in Pflanzenöl bei mittlerer Hitze von beiden Seiten knusprig braten. Dabei einige Male wenden.

❍ Grünkernbratlinge können wie folgt abgewandelt werden:
Veganer lassen das Ei weg und reiben eine Kartoffel, drücken die Flüssigkeit heraus und geben sie zu der Grünkernmasse.
Es können auch folgende Zutaten zusätzlich in die Grünkernmasse eingearbeitet werden: Paprika, sehr fein gewürfelt, Käsewürfel, geriebene Möhren.

Falscher Braten nach Tante Sissi

200 g Erbsen oder Grünkern oder Linsenschrot mit Gemüsebrühe zu einem Brei gekocht. 1 – 2 Eier, Zwiebeln, ... in Öl gedämpft, dazu Gewürze und Salz dazu. Alles vermengt zu einem Braten formen, im Ofen backen.

So das Original von Tante Sissi, hier mein Rezept mit Kichererbsen oder anderen Hülsenfrüchten und etwas genaueren Mengenangaben:

250 g Kichererbsen (oder beliebige andere Hülsenfrüchte)
500 ml Wasser
1 EL gekörnte Gemüsebrühe
1 – 2 Zwiebeln (etwa 100 g)
Sonnenblumenöl
1 Bund Petersilie
1 TL getrockneter Majoran
2 Eier
Salz
weißer Pfeffer
Butter

Die Kichererbsen zu feinem Schrot mahlen. Das Wasser zum Kochen bringen und die Gemüsebrühe einfüllen. Dann das Schrot einrieseln lassen. Unter Rühren dick einkochen. Etwas abkühlen lassen. Die Zwiebeln pellen und fein würfeln. In etwas Sonnenblumenöl glasig bis hellbraun dünsten. Die Petersilie hacken und zu den Zwiebeln geben. Majoran dazugeben. Umrühren und zu dem Kichererbsenbrei geben. Gut durchrühren. Nun die Eier unterrühren und mit Salz und Pfeffer abschmecken.
Eine Kasten- oder Auflaufform einfetten. Die Kichererbsenmasse mit nassen Händen zu einem Braten formen und in die Form geben. Butterscheiben auf den Braten legen.
Nun bei 200 °C etwa eine Stunde im Backofen backen.

❍ Dazu schmeckt Paprika-Rahm-Soße (siehe Seite 121).

Kräuterbratlinge nach Tante Sissi

250 g Weizengrieß
500 ml Gemüsebrühe (siehe Seite 21)
2 Eier
1 Schalotte
2 EL gemischte Kräuter
edelsüßes Paprikapulver
Paniermehl
Butter zum Braten

Den Grieß in die kochende Gemüsebrühe geben und so lange rühren, bis sich der Teig als Kloß vom Topfboden löst. Wenn er etwas abgekühlt ist, mit den Eiern, der geschälten und geriebenen Schalotte und den fein gehackten Kräutern mischen. Würzen.
Flache Klöße formen, in Paniermehl wälzen und in der Pfanne in Butter braten.

Haferbratlinge nach Tante Sissi

250 g Haferflocken
Gemüsebrühe nach Bedarf (siehe Seite 21)
1 Zwiebel
1 Bund Petersilie
etwas Öl
Paniermehl
etwas Butter

Haferflocken in der Gemüsebrühe zu einem dicken Brei dämpfen. Geschälte Zwiebel und Petersilie fein hacken, im Öl dünsten und dann dazugeben. Flache Klöße formen, in Paniermehl wälzen und in der Pfanne in Butter braten.

Reisbratlinge nach Tante Sissi

250 g Reis
500 ml Wasser
1 Zwiebel
250 g Pilze
etwas Öl
Salz, Pfeffer
2 Eier
100 g geriebener Käse
Fett zum Braten

Den Reis im Wasser garen. Die Zwiebel pellen und würfeln. Die Pilze putzen und sehr fein schneiden. Nun das Öl in einer Pfanne erhitzen. Zwiebel darin glasig dünsten. Die Pilze hinzugeben und braten. Mit Salz und Pfeffer abschmecken. Etwas erkalten lassen.
Die Pilze und die Eier mit dem nicht mehr heißen Reis vermischen. Zuletzt den Käse unterrühren.
Bratlinge formen und in Fett von beiden Seiten braten.

Selleriebratlinge nach Tante Sissi

1 gehäufter EL Haferflocken
etwas kochende Milch
1 Sellerieknolle
2 Eier
1 Bund Petersilie, fein gehackt
etwas gehacktes Selleriegrün
1 Zwiebel
Salz, Pfeffer
etwas Öl

Die Haferflocken mit etwas kochender Milch überbrühen und einige Minuten stehen lassen. Dann die rohe Sellerieknolle zu Flocken reiben, die Eier, gehackte Petersilie, gehacktes Selleriegrün und die geschälte und fein gehackte Zwiebel mit etwas Salz und Pfeffer dazugeben. Gut mischen, mit einem Esslöffel flache Klöße formen und in heißem Fett braten.

Gemüsehackbraten nach Tante Sissi

1 kg gekochtes Gemüse
(Möhren, Blumenkohl, Porree, Sellerie, Zucchini, Brokkoli ...)
250 ml Milch
4 Scheiben Weizenvollkornbrot
1 Ei
4 – 6 EL Weizenvollkornmehl oder Grieß
Salz
1 gehackte Zwiebel und gehackte Petersilie
Fett für die Form

Das gekochte Gemüse klein schneiden. Die Milch erhitzen und das Brot darin einweichen. Alles mit den übrigen Zutaten vermischen.
Eine Kastenform einfetten. Die Masse einfüllen. Eine Stunde bei 180 bis 200 °C backen.

Pilzkoteletts nach Tante Sissi

500 g frische Champignons oder Steinpilze
1 Zwiebel
40 g Butter
100 g Weizenvollkornbrot
1 Ei
1 Bund Petersilie, gehackt
Salz
schwarzer Pfeffer
etwas Paniermehl
Fett zum Braten

Die Pilze putzen und klein schneiden. Die Zwiebel pellen und würfeln. Beides in der Butter dünsten und etwas abkühlen lassen. Das Brot einweichen und ausgedrückt zu den Pilzen geben. Ei und Petersilie dazugeben. Mit Salz und Pfeffer abschmecken.
Runde, flache Klöße formen, im Paniermehl wenden und im Fett braten.

Salzige Puddings

Diese traditionelle Spezialität ist leider aus der Mode gekommen. Vermutlich liegt das auch daran, dass die Zubereitung etwas zeitaufwendig ist. Für die vegetarische Vollwertküche ist der salzige Pudding eine absolute Bereicherung, weil er vielseitig zuzubereiten ist und prima schmeckt.

Ich habe von Puddingformen erstmals in einem alten Kochbuch gelesen. Neugierig geworden, habe ich überall nach einer alten Puddingform gesucht. Aber in keinem Haushalt war eine vorhanden. Selbst die Großmütter kannten diese Art der Zubereitung nicht mehr. Also musste eine neue Puddingform her.

Bei uns im Dorf gibt es ein Haushaltswarengeschäft mit ausgezeichneter Beratung. Die Frauen dort wussten Rat und konnten noch eine für mich bestellen (von Dr. Oetker). Sie wird nicht mehr als Puddingform verkauft, sondern heißt jetzt Wasserbadform. Es gibt sie in zwei Größen, für 1,5 l und 2,5 l, die beide nicht ganz billig sind. Egal, sagte ich mir, schließlich kaufe ich mir nur einmal in meinem Leben so etwas. Nun bin ich stolze Besitzerin einer 1,5-l-Wasserbadform. Die Investition hat sich gelohnt!

Ich gehe davon aus, dass viele von Ihnen nicht wissen, was eine Puddingform ist. Deshalb hier meine Beschreibung: Sie sieht aus wie eine Gugelhupfform mit einem Deckel oben drauf, mit dem man die Form dicht verschließen kann.

Die Form wird bei der Zubereitung mit Fett ausgestrichen und mit Paniermehl ausgestreut. Dann kommt die salzige oder süße Puddingmasse hinein. Die Form wird fest verschlossen und in einen ausreichend großen Topf gestellt. Wichtig ist, dass die gesamte Form hineingeht. Nun wird so viel Wasser in den Topf gegossen, bis die Form zu drei Viertel bedeckt ist. Der Topf wird mit geschlossenem Deckel auf die Herdplatte gestellt und das Wasser zum Kochen gebracht. Dann muss die Temperatur gedrosselt werden und der Pudding ein bis zwei Stunden im Wasserbad garen.

Ist der Pudding gar, wird die Form aus dem Topf genommen, kurz in kaltes Wasser gestellt und geöffnet. Nun muss der Pudding gestürzt werden. Dazu zunächst vorsichtig den Rand des Puddings mit einem Messer lösen und dann auf einen Teller stürzen. Fertig.

Auf den folgenden Seiten stelle ich Ihnen meine erprobten Rezepte für die Puddingform vor.

Kartoffelpudding

500 g Kartoffeln
100 g Butter oder Pflanzenmargarine
3 Eigelb
2 EL Buttermilch oder Vollmilch
100 g geriebener Butterkäse
3 steif geschlagene Eiweiß
Salz
edelsüßes Paprikapulver
Fett und Paniermehl für die Form

Kartoffeln mit der Schale garen, schälen und abkühlen lassen und mit der Kartoffelreibe fein reiben.
Butter oder Pflanzenmargarine mit den Eigelb verrühren. Mit den übrigen Zutaten und den geriebenen Kartoffeln vermischen. Das steif geschlagene Eiweiß am Schluss unterheben.
Die Puddingform gut einfetten und mit Paniermehl ausstreuen. Puddingmasse einfüllen. Puddingform schließen. Im Wasserbad eine Stunde garen.
Diese Menge reicht als Beilage für vier Personen, als Hauptgericht mit Gemüse für zwei Personen.

Spinat- oder Mangoldpudding

1 kg Spinat oder Mangold ohne Stiele
Salz
1 große Zwiebel
50 g Butter
200 g Vollkornzwieback
2 Eigelb
1 Bund Petersilie
Muskatnuss
weißer Pfeffer
2 Eiweiß
Fett und Paniermehl für die Form

Den Spinat oder die Mangoldblätter waschen und drei Minuten in kochendem Salzwasser blanchieren. Nun klein schneiden.
Die Zwiebel schälen und fein hacken und in der Butter goldgelb braten. Mit dem Fett in die Gemüsemasse schütten. Den Zwieback reiben, dazugeben. Eigelb, gehackte Petersilie und Gewürze unterrühren. Kräftig abschmecken.
Am Schluss das Eiweiß zu steifem Schnee schlagen und vorsichtig unter die Masse heben.
Die Puddingform einfetten und mit Zwiebackbröseln ausstreuen. Die Puddingmasse einfüllen und den Deckel verschließen.
Die Form in einen ausreichend großen Topf stellen und so viel Wasser dazugießen, bis sie zu drei Viertel im Wasser steht. Den Deckel auf den Topf legen und das Wasser zum Kochen bringen. Temperatur runterschalten. Nun den Pudding eine Stunde garen.
Aus dem Wasserbad nehmen, die Form öffnen, den Rand mit einem Messer vorsichtig lösen und auf einen Teller stürzen.

❍ Dazu Salzkartoffeln und Käsesoße (siehe Seite 117) servieren.

Kartoffel-Möhren-Pudding

500 g Kartoffeln
200 g Möhren
1 Zwiebel
40 g Fett
1 Bund Petersilie
1 Zweig Liebstöckel
2 EL Sonnenblumenkerne
2 – 3 Eier (je nach Größe)
4 – 6 EL Paniermehl
Salz
1 TL edelsüßes Paprikapulver
Fett und Paniermehl für die Form

Kartoffeln in der Schale kochen und erkalten lassen, pellen und grob reiben. Möhren fein reiben, zu den Kartoffeln geben. Die Zwiebel schälen, würfeln und in dem Fett goldgelb backen.
Petersilie und Liebstöckel fein hacken, mit den Sonnenblumenkernen zu der Kartoffelmasse geben.
Die Eier trennen, Eigelb in die Masse geben. Alles gut mischen und mit Salz und Paprikapulver kräftig abschmecken. Paniermehl unterrühren (damit die Masse nicht zu flüssig wird).
Das Eiweiß salzen und zu steifem Schnee schlagen. Unter die Masse heben. Die Puddingform einfetten und mit Paniermehl ausstreuen. Die Masse in die Form füllen und die Form fest verschließen.
Nun die Form in einen ausreichend großen Topf geben. Wasser einfüllen, sodass die Form zu drei Viertel im Wasser steht. Deckel auf den Topf geben und Wasser zum Kochen bringen, herunterschalten und den Pudding im Wasserbad 1½ Stunden garen.

❍ Dieser Pudding wird schön saftig. Dazu Jägersoße (siehe Seite 125) und Salat servieren!

Schwarzwurzel- oder Spargelpudding

1 kg Schwarzwurzeln oder Spargel
Zitronenwasser
Salz
Vollrohrzucker
50 g Butter oder Pflanzenmargarine
3 Eigelb
3 EL Dinkelmehl
Pfeffer
edelsüßes Paprikapulver
125 ml Milch und Gemüsewasser, gemischt
100 g geriebener Emmentaler
3 Eiweiß
Fett und Paniermehl für die Form

Das Gemüse schälen und in Stücke schneiden. Beim Schwarzwurzelschälen Handschuhe tragen und das zerkleinerte Gemüse gleich in Zitronenwasser legen. Reichlich Wasser mit Salz und etwas Vollrohrzucker zum Kochen bringen. Nun das Gemüse darin etwa 15 Minuten garen, die Flüssigkeit abgießen und auffangen.
Die Butter in einer Schüssel mit dem Handrührgerät schaumig rühren. Das Eigelb dazugeben und weiterrühren. Nun Mehl, Gewürze und Flüssigkeit dazugeben. Dann den Käse und das Gemüse unterheben. Eiweiß mit etwas Salz zu steifem Schnee schlagen und unterheben.
Die Puddingform gut einfetten und mit Paniermehl ausstreuen. Die Masse einfüllen. Die Puddingform schließen und in den Topf stellen. Nun wie beim vorigen Rezept verfahren.

Nudeln & Co.

Hausgemachte Nudeln sind traditionell eine süddeutsche Spezialität und im norddeutschen Raum weniger bekannt.

Grundrezept: Nudeln aus Weizenvollkornmehl und Ei

300 – 350 g Weizenvollkornmehl
3 Eier
etwa 3 EL Wasser oder mehr

Die Menge des Mehls richtet sich nach der Größe der Eier, deshalb sind genauere Angaben nicht möglich.
Das Mehl auf ein Backbrett sieben und in die Mitte eine Vertiefung formen. Die Eier und das Wasser hineingeben. Von außen nach innen einen Teig kneten. Das ist etwas mühevoll! Der Teig muss gut durchgeknetet sein. Wenn man etwa 15 Minuten immer mit dem Handballen geknetet hat, müsste sich eine zusammenhängende Kugel gebildet haben. Sie muss fest sein, darf nicht matschig sein, aber auch nicht bröckeln. Wenn man den Kloß durchschneidet, müssen kleine Löcher zu sehen sein.
Ist der Teig zu trocken, etwas Wasser dazugeben. Ist er zu nass, mit etwas Mehl nachhelfen. Den fertigen Teig zu einer Kugel formen, mit einem feuchten Tuch bedecken und 15 Minuten ruhen lassen.
Von dem Teig ein Stück abschneiden und auf einem bemehlten Brett dünn ausrollen. Auf ein Tuch legen. Mit dem übrigen Teig ebenso verfahren.
Nun den Teig in beliebig lange Streifen schneiden.
Ich habe mir eine Nudelmaschine gekauft. Das geht prima. Die Anschaffung lohnt sich allerdings nur, wenn regelmäßig Nudeln gegessen werden.

Dieser Grundteig kann für Nudeln und Teigtaschen verwendet werden.
Will man grüne Nudeln haben, muss man frische Kräuter fein hacken und in den Teig einarbeiten.
Rote Nudeln bekommt man, wenn dem Teig Tomatenmark zugesetzt wird.

Die fertigen Nudeln können Sie trocknen und lagern. Dazu lassen Sie die Nudeln auf einem Tuch einige Tage in einem trockenen Raum liegen. Die Nudeln müssen ganz trocken sein, bevor Sie diese in ein Glas füllen. Sie können den Nudelteig auch einfrieren.

Die fertigen getrockneten Nudeln in sprudelndem Salzwasser etwa zehn Minuten kochen.

Maultaschen

Auch zur Entstehung der Maultaschen gibt es eine Geschichte:
Im Schwäbischen gibt es viele Klöster, vor allem in Oberschwaben. Die Fastenzeit ist vielen Mönchen (vermutlich auch Nonnen) lang geworden und die fleischlose Kost war früher wenig beliebt. Aus diesem Grunde versteckten die Mönche das Fleisch in Teigtaschen, indem sie das Brät mit Spinat vermischten. Wirklich fromme Leute allerdings halten sich an die vegetarische Füllung.

Grundrezept

Aus 300 g Mehl einen Nudelteig wie beschrieben (siehe Seite 108) bereiten. Diesem einige Tropfen Essig zugeben. Den Teig in vier Teile schneiden, jeweils dünn ausrollen und in etwa zehn Zentimeter breite Streifen schneiden. Mit Eiweiß bestreichen und mit einem Löffel die Füllung (siehe folgende Rezepte) häufchenweise auftragen. Dann werden die Streifen zusammengeklappt und mit einem Rührlöffel Recht- oder Vierecke abgedrückt. Anschließend werden diese Vierecke mit einem Rollschneider oder Messer abgeschnitten. Man kann auch runde Kreise ausstechen.
Die Maultaschen in sprudelndem Salzwasser etwa zehn Minuten garen, bis sie oben schwimmen. Traditionell isst man dazu Kartoffelsalat auf schwäbische Art (siehe Seite 73).

Hier einige Anregungen für Füllungen:

Traditionelle Füllung

4 klein geschnittene Vollkornbrötchen
etwa 4 Eier
Salz, Muskatnuss
1 – 2 Zwiebeln, gewürfelt und in Öl in der Pfanne gedünstet
reichlich klein gehackte Petersilie
1 Eiweiß

Die Zutaten in einer Schüssel mischen. Es müssen so viele Eier genommen werden, bis sich die Masse verbunden hat.

Kräuter-Füllung

500 g frische Kräuter
200 g saure Sahne oder Sahnequark
Salz
Muskatnuss

Petersilie, Schnittlauch oder beliebige andere Gartenkräuter fein hacken, mit saurer Sahne oder Sahnequark gut vermischen und mit Salz und Muskatnuss abschmecken.

Spinat- oder Mangoldfüllung

500 g Spinat oder Mangoldblätter
1 Zwiebel
etwas Öl
etwa 200 g Sahnequark (oder Schichtkäse)
Salz
Muskatnuss

Frischen Spinat oder die Mangoldblätter ohne Stiel blanchieren und ganz fein hacken. Zwiebel schälen, fein hacken und in Öl dünsten. Die Masse mit Sahnequark verrühren und mit Salz und Muskatnuss abschmecken.

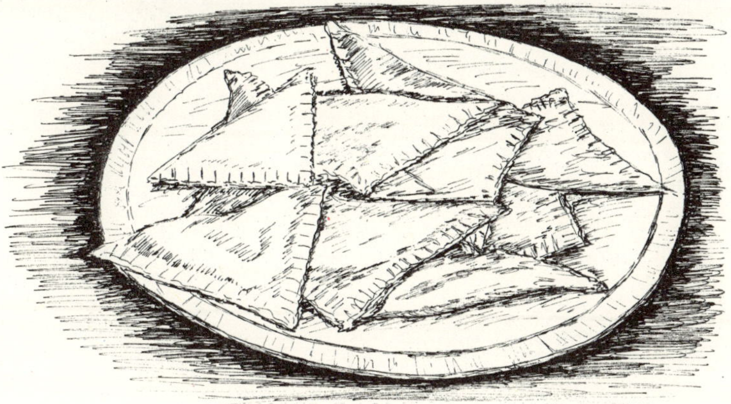

Kartoffelfüllung

Ein Rezept aus Kasachstan, wohin viele Wolga-Deutsche nach dem Krieg deportiert wurden. Das folgende Rezept ist von meiner Freundin Angelika, die in Kasachstan aufgewachsen ist. Die Teigtaschen werden von ihr wie folgt gefüllt.

500 g mehligkochende Kartoffeln
1 Zwiebel
etwas Öl
1 Ei
Salz
Muskatnuss
flüssige Butter zum Übergießen

Die Kartoffeln schälen, kochen und stampfen. Die Zwiebel schälen, fein hacken und in Öl dünsten. Alle Zutaten in einer Schüssel gut vermischen. Bei diesem Rezept werden die Teigtaschen nach dem Kochen mit flüssiger Butter nach Geschmack übergossen.

Süße Füllung

Ebenfalls von Angelika habe ich das Rezept für eine süße Frischkäsefüllung. Mit dieser Füllung lassen sich die Teigtaschen nicht ganz so gut schließen, weil die Masse so weich ist. Dafür schmecken sie ganz fantastisch.

500 g Frischkäse
1 Ei
Honig oder Vollrohrzucker nach Geschmack
1 Spritzer Zitronensaft

Alle Zutaten mischen und wie beschrieben als Füllung verarbeiten.

Luises Spätzle

Luise kommt aus dem Schwabenlande. Sie hat mir die beiden folgenden Rezepte geschenkt.

4 Eier
250 g Weizenvollkornmehl
Salz

Aus den Zutaten einen Teig zubereiten. Wasser in einem Topf zum Kochen bringen und salzen. Die Spätzle mit dem Spätzlehobel (wer kann, auch mit dem Brett) in das Wasser geben und gar ziehen lassen. Wenn die Spätzle gar sind, schwimmen sie oben.

Luises Krautspätzle

Nach Luises Angaben kommt dieses Rezept aus dem bayrischen Teil des Schwabenlandes.

1 Zwiebel
Butter oder Pflanzenmargarine
500 g Sauerkraut
1 Lorbeerblatt
etwa 5 Wacholderbeeren
250 ml Gemüsebrühe (siehe Seite 21)
etwas Weißwein
Salz und Pfeffer nach Geschmack
Spätzle nach Rezept oben

Die Zwiebel schälen, hacken und in dem Fett in einem Topf andünsten. Das Sauerkraut mit dem Lorbeerblatt und den Wacholderbeeren dazugeben. Mit Gemüsebrühe und Weißwein begießen und etwa 20 Minuten garen. Mit Salz und Pfeffer abschmecken.
Spätzle wie oben zubereiten. Kraut und Spätzle in eine Schüssel geben und gut mischen.

❍ Herzhafter wird es, wenn man Zwiebeln in Butter in einer Pfanne langsam braun werden lässt und über die Krautspätzle gibt.

Frau Finks Kasspätzle

Frau Fink hat im Allgäu zwei Fremdenzimmer auf ihrem Bauernhof. Hier kann man herrlich Familienurlaub machen und erfährt nebenher noch viel menschliche Wärme. Einmal in der Woche kocht Frau Fink für ihre Gäste folgendes Gericht. Natürlich stand ich neben ihr in der Küche. Ich habe mir dann gleich einen Spätzlehobel gekauft und mit nach Norddeutschland genommen, wo dieses Rezept vollkommen unbekannt ist.

Für den Teig:
400 g Weizenvollkornmehl
5 Eier
1 TL Salz
5 EL Wasser oder mehr

Außerdem:
200 g Allgäuer Bergkäse oder mehr (ersatzweise Emmentaler)
1 – 2 Zwiebeln
Butter oder Pflanzenfett

Aus den Teigzutaten einen Spätzleteig herstellen. In einem Topf Wasser zum Kochen bringen. Einen Teil des Teigs mit einem Spätzlehobel in den Topf hobeln und garen. Wenn die Spätzle oben schwimmen, diese herausnehmen und in eine feuerfeste Schüssel geben, mit geriebenem Allgäuer Bergkäse bestreuen und in den 100 °C heißen Backofen stellen. Dann die nächste Lage Spätzle kochen, in die Schüssel geben und wieder mit Käse bestreuen. So verfahren, bis alle Spätzle gekocht sind. Die obere Schicht sollte Käse sein.
Während des Spätzlekochens in einer Pfanne Zwiebelringe langsam in Butter oder Pflanzenfett braun werden lassen. Vor dem Anrichten auf die Kasspätzle geben.

❍ Dazu isst man Gurkensalat, der mit Essig, Öl, Pfeffer, Salz und frischen Kräutern angemacht wird.

Pikante Tunken (Soßen)

Traditionelle Tunken, Stippe oder Soßen sind wegen ihrer Mehlschwitze aus der Mode gekommen. Angeblich haben sie zu viele Kalorien. Das mag ja auch stimmen. Doch verfeinern gute Soßen manche Speise so sehr, dass wir darauf nicht verzichten sollten. Meine Oma sagte dazu: »am Schluss musst du immer noch ein gutes Stück Butter in die Soße geben, das macht einen feinen Geschmack«.

Wer auf Kalorien achten will, kann durchaus bei dem einen oder anderen Rezept die Fettmenge reduzieren.

Besonders in der Vollwertküche gibt es viele Gerichte, die ohne eine gute Soße einfach zu trocken schmecken. Bratlinge, salzige Puddings, falsche Braten und vor allen Dingen Kartoffeln, alles wird mit einer guten Soße erst richtig rund.

Traditionell wird zwischen hellen und dunklen Soßen unterschieden. Je länger das Mehl in dem Fett angeröstet wird, desto dunkler wird die Soße.

In den folgenden Rezepten wird durchgehend mit Vollkornmehlen gearbeitet. Alle Soßen sind von mir nach alten Rezepten kreiert.

Grundrezept: Helle und dunkle Soßen

Für einen halben Liter Grundsoße für vier bis sechs Personen benötigen Sie:
40 g Butter oder Pflanzenfett
1 gehackte Zwiebel
40 g Vollkornmehl (Weizen, Dinkel oder Grünkern, fein gemahlen)
500 ml Gemüsebrühe (siehe Seite 21)

Das Fett in einem Topf erhitzen. Die Zwiebelwürfel darin glasig dünsten. Nun das Mehl hinzugeben und anschwitzen. Soll die Soße hell werden, nur kurz anschwitzen. Bei dunklen Soßen das Mehl unter Rühren länger anschwitzen. Wenn der gewünschte Grad der Bräunung vorhanden ist, langsam die Gemüsebrühe einrühren. Einige Zeit bei geringer Hitze köcheln lassen, bis die Soße schön sämig ist.
Ich werde in den folgenden Rezepten jeweils von einer hellen oder von einer dunklen Grundsoße sprechen!

Kräutersoße

40 g Butter oder Pflanzenmargarine
1 gehackte Zwiebel
40 g Dinkelmehl
500 ml Gemüsebrühe (siehe Seite 21)
1 Suppenteller fein gehackte beliebige Kräuter
1 Spritzer Zitronensaft
süße Sahne nach Geschmack

Eine helle Grundsoße (siehe Seite 115) bereiten.
Die Kräuter sehr fein hacken. Die Soße von der Kochstelle nehmen. Die Kräuter unterrühren. Mit Zitronensaft und Sahne verfeinern.

Meerrettichsoße

40 g Butter
1 gehackte Zwiebel
40 g Dinkelmehl
250 ml Gemüsebrühe (siehe Seite 21)
250 ml Milch
¼ Stange Meerrettich oder 1 EL Meerrettich aus dem Glas
etwas Milch
eventuell Salz
süße Sahne nach Belieben

Eine helle Grundsoße (siehe Seite 115) bereiten. Dabei zur Hälfte Gemüsebrühe und zur Hälfte Milch verwenden.
Den Meerrettich schaben, reiben und sofort mit Milch vermischen. Die Masse in die Soße rühren und nicht mehr kochen. Eventuell mit Salz nachwürzen und mit etwas Sahne verfeinern.

Senfsoße

40 g Butter
1 gehackte Zwiebel
40 g Weizenvollkornmehl
500 ml Gemüsebrühe (siehe Seite 21)
2 EL Senf
Salz
Pfeffer
Essig
Vollrohrzucker oder Honig

Eine helle Grundsoße (siehe Seite 115) bereiten. Den Senf unterrühren. Mit Salz, Pfeffer, Essig und Vollrohrzucker oder Honig abschmecken.

Käsesoße

40 g Butter
1 gehackte Zwiebel
40 g Weizenvollkornmehl
250 ml Gemüsebrühe (siehe Seite 21)
250 ml Milch
150 g zerkleinerter Weichkäse
eventuell etwas süße Sahne und Zitronensaft

Eine helle Grundsoße (siehe Seite 115) bereiten. Dabei zur Hälfte Gemüsebrühe und zur Hälfte Milch verwenden.
Den Käse in der Soße schmelzen lassen. Eventuell mit Sahne und Zitronensaft verfeinern.

Helle Zwiebelsoße

Es gibt ein westfälisches Gericht, das nennt man »Kartoffeln auf dem Becken«. Dazu werden Pellkartoffeln in eine große Schüssel gegeben und mit dieser Soße übergossen. Dazu isst man grünen Salat oder Salzgurken. Es wird als Abendessen gereicht.

2 – 3 Zwiebeln
40 g Butter oder Pflanzenmargarine
40 g Grünkernmehl
500 ml Gemüsebrühe (siehe Seite 21)
Salz
Pfeffer
Kümmel, gemahlen

Die Zwiebeln schälen und würfeln. Das Fett schmelzen lassen und die Zwiebeln darin glasig dünsten. Das Grünkernmehl dazugeben und leicht anschwitzen. Nun langsam die Brühe einrühren. Bei schwacher Hitze etwa zehn Minuten köcheln lassen, dabei umrühren. Mit Salz, Pfeffer und Kümmel abschmecken.

Westfälische Zwiebelsoße

Diese Soße wurde zu allen Gerichten, zu denen auch Salzkartoffeln gereicht wurden, serviert. Auch heute findet man sie noch auf den Speisekarten traditioneller Restaurants.

2 – 3 Zwiebeln
1 Essiggurke
40 g Butter oder Pflanzenmargarine
40 g Grünkernmehl
500 ml Gemüsebrühe (siehe Seite 21)
Essig (z. B. Apfelessig)
Vollrohrzucker
Salz
Pfeffer

Die Zwiebeln schälen und würfeln, die Essiggurke in kleine Stücke schneiden.
Das Fett im Topf schmelzen. Die Zwiebeln darin glasig dünsten. Das Mehl einrühren und kurz anschwitzen. Die Brühe langsam einrühren. Bei schwacher Hitze zehn Minuten köcheln lassen, dabei umrühren.
Am Schluss die Gurkenstückchen einrühren, kurz durchziehen lassen. Mit den Gewürzen abschmecken. Die Soße sollte süßsauer sein.

Dunkle Zwiebelsoße

Eine etwas bäuerlichere Variante des vorherigen Rezeptes.

2 – 3 Zwiebeln
1 Salzgurke
40 g Butter oder Pflanzenfett
50 g Grünkernmehl
500 ml Gemüsebrühe (siehe Seite 21)
1 Lorbeerblatt
2 Gewürznelken
2 EL Essig
20 g Rübensirup oder Vollrohrzucker nach Geschmack
Salz
Pfeffer

Die Zwiebeln schälen und würfeln, die Salzgurke klein schneiden. Zwiebeln in dem Fett glasig dünsten. Das Mehl einrühren und einige Zeit anschwitzen, sodass es gut angeröstet ist. Die Brühe einrühren und Lorbeerblatt und Gewürznelken dazugeben. Bei schwacher Hitze zehn Minuten köcheln lassen, bis die Soße schön sämig ist.
Nun die Salzgurke dazugeben. Mit Essig, Rübensirup, Salz und Pfeffer süßsauer abschmecken.

Paprika-Rahm-Soße

40 g Butter oder Pflanzenfett
1 gehackte Zwiebel
40 g Weizenvollkornmehl
350 ml Gemüsebrühe (siehe Seite 21)
200 g süße Sahne
2 TL mildes Paprikapulver
Salz

Eine helle Grundsoße (siehe Seite 115) bereiten.
Die Sahne einrühren und auf milder Hitze etwas einkochen lassen. Paprikapulver mit einem Schneebesen am Schluss einrühren. Mit Salz abschmecken.

❍ Schmeckt zu Bratlingen.

Bechamelsoße

1 Zwiebel
40 g Butter oder Pflanzenfett
40 g Dinkelmehl
250 ml Gemüsebrühe (siehe Seite 21)
250 ml Milch oder 250 g süße Sahne
Salz
Pfeffer
Muskatnuss

Die Zwiebel pellen und würfeln. Das Fett im Topf schmelzen. Die Zwiebel darin glasig dünsten. Das Dinkelmehl einrühren und kurz mitschwitzen.
Zunächst die Brühe, dann die Milch oder Sahne einrühren.
Mit Salz, Pfeffer und geriebener Muskatnuss abschmecken.

Holländische Soße (einfach)

40 g Butter
40 g Weizenvollkornmehl
500 ml Gemüsebrühe (siehe Seite 21)
(oder 250 ml Gemüsebrühe und 250 ml Milch)
1 Eigelb
etwas Milch
20 g Butter
Salz
Muskatnuss
2 EL Zitronensaft

Eine helle Grundsoße (siehe Seite 115) bereiten.
Das Eigelb mit etwas Milch verrühren und unterschlagen. Die Butter hineingeben und ebenfalls unterschlagen. Mit Salz und Muskat abschmecken und mit dem Zitronensaft abrunden.

❍ Variante: Wenn die Soße zu Spargel, Blumenkohl, Schwarzwurzeln oder Ähnlichem gereicht werden soll, wird anstatt Gemüsebrühe das Gemüsewasser verwendet.

Holländische Soße (geschlagen)

20 g Weizenvollkornmehl
2 EL Wasser
3 Eigelb
1 EL Zitronensaft
375 ml Gemüsebrühe (siehe Seite 21) oder Gemüsewasser
80 g Butter
Salz
Muskatnuss

Das Mehl mit Wasser glatt rühren, Eigelb, Zitronensaft und Brühe dazugeben. Alles gut verquirlen und in eine Schüssel geben, die in einen Kochtopf gehängt werden kann.
Wasser im Kochtopf zum Kochen bringen. Die Schüssel hineingeben und die Soße so lange mit dem Schneebesen schlagen, bis sie dick wird. Während des Schlagens wird die Butter Stück für Stück dazugegeben. Sie sollte nicht warm sein.
Die Soße mit Salz und Muskat abschmecken.

❍ Nicht gleich aufgeben, wenn die Soße nicht auf Anhieb gelingt. Sie erfordert etwas Übung. Es lohnt sich aber, besonders zur Spargelzeit. Auch für alle anderen Gemüsearten geeignet.

Weinsoße zu Gemüse

500 ml Weißwein
6 – 8 Eigelb
100 g Butter
250 ml Gemüsewasser
½ EL Maisstärke
Salz
Pfeffer
Honig oder Vollrohrzucker

Den Wein und die Eigelbe in einer Schüssel verrühren. Alle anderen Zutaten dazugeben. Wasser in einem Topf zum Kochen bringen. Die Schüssel daraufstellen und die Soße im Wasserbad so lange schlagen, bis eine dickliche Masse entsteht. Sofort anrichten oder über das Gemüse geben.

❍ Eignet sich besonders gut zu Spargel, Kohlrabi oder Blumenkohl.

Jägersoße

200 g frische Champignons
1 Zwiebel
40 g Butter oder Pflanzenfett
40 g Weizenvollkornmehl
250 ml Milch
250 ml Gemüsebrühe (siehe Seite 21)
Salz
Pfeffer
1 Schuss süße Sahne zum Verfeinern
1 Bund frische Petersilie, gehackt

Die Champignons putzen und klein schneiden. Die Zwiebel pellen und würfeln.
Das Fett in einem breiten Topf schmelzen lassen. Die Champignons darin anbraten, die Zwiebel dazugeben und glasig werden lassen. Nun das Mehl einrühren, anschwitzen und gut durchrühren. Die Flüssigkeit einrühren und die Soße zum Kochen bringen. Bei geringer Hitze langsam zehn Minuten einköcheln lassen. Am Schluss mit Salz und Pfeffer abschmecken und die Sahne unterrühren. Von der Kochstelle nehmen und gehackte Petersilie hineingeben.

❍ Passt zu allen Getreidebratlingen. Dazu Pellkartoffeln und grünen Salat.

Soße mit saurer Sahne (bekannt als Russische Soße)

40 g Butter oder Pflanzenmargarine
1 gehackte Zwiebel
40 g Weizenvollkornmehl
500 ml Gemüsebrühe (siehe Seite 21)
200 g saure Sahne oder Crème fraîche
1 TL Meerrettich aus dem Glas
eventuell Salz
1 Bund frischer Dill (oder tiefgekühlt), gehackt

Eine helle Grundsoße (siehe Seite 115) gut einkochen lassen. Die saure Sahne unterrühren. Mit Meerrettich und Salz nachwürzen. Am Schluss die frischen Kräuter unterrühren.

❍ Diese Soße wird über gekochtes Gemüse gegossen. Schmeckt besonders gut zu gekochter Rote Bete, aber z. B. auch zu Möhren, Zwiebeln und Rübchen. Dazu Salz- oder Pellkartoffeln reichen.

Gurkensoße

1 Gemüse- oder Salatgurke
1 Zwiebel
40 g Butter oder Pflanzenmargarine
40 g Dinkelmehl
500 ml Gemüsebrühe (siehe Seite 21)
1 Lorbeerblatt
Estragonessig
Salz
1 – 2 EL saure Sahne oder Crème fraîche
frisch gehackter Estragon und Dill

Die Gurke schälen. Bei der Gemüsegurke das Kerngehäuse entfernen. Gurke würfeln. Die Zwiebel pellen und würfeln.
Das Fett in einem Topf schmelzen und die Zwiebel darin glasig dünsten. Nun die Gurke darin kurz andünsten, das Mehl einrieseln lassen und umrühren. Nun die Gemüsebrühe und das Lorbeerblatt hinzufügen und die Soße langsam köcheln lassen, bis die Gurkenstückchen weich sind und die Soße eingekocht ist.
Durchschlagen oder pürieren. Mit dem Essig, Salz und der sauren Sahne abschmecken.
Am Schluss die Kräuter unterrühren.

Sauerampfersoße (Frühlingssoße)

1 Zwiebel
1 gute Handvoll junge Sauerampferblätter
40 g Butter oder Pflanzenmargarine
40 g Weizenvollkornmehl
500 ml Gemüsebrühe (siehe Seite 21)
1 Eigelb
ein Schuss süße oder saure Sahne
Salz
Pfeffer

Die Zwiebel pellen und würfeln, die Sauerampferblätter fein hacken. Butter im Topf schmelzen. Die Zwiebel darin glasig dünsten. Das Mehl einrieseln lassen und gut umrühren. Nun die Sauerampferblätter hineingeben, umrühren. Die Gemüsebrühe dazugeben und die Soße einkochen lassen. Mit dem Eigelb binden (gut durchschlagen).
Am Schluss mit süßer oder saurer Sahne sowie Salz und frisch gemahlenem Pfeffer abschmecken.

❍ Ich gebe zum Servieren häufig noch eine Handvoll gehackte Frühlingskräuter wie Löwenzahnblätter und kleine Schnittlauchröllchen hinzu.

Gemüsegerichte

Kennen Sie noch Teltower Rübchen oder Rübstiel? Haben Sie schon einmal wilde Melde gegessen, die Knospen des Löwenzahns oder zarte Brennnesselblätter? Wissen Sie, was Mangold ist und wie man so etwas zubereitet? Wenn Sie nun neugierig geworden sind, sollten Sie weiterlesen. Saisonale Abwechslung auf dem Speisezettel, und zwar nicht aus der Supermarkttheke, sondern auf dem Sonntagsspaziergang gesammelt oder im Garten angebaut, auf dem Markt oder im Hofladen gekauft. Die heimischen Gemüsearten sind vielfältiger, als viele bisher geahnt haben.

In der bäuerlichen Küche wurde kein Gemüse gekauft, sondern alles selbst angebaut oder gesammelt. Da Feld und Wiesen früher frei von Spritzmitteln waren, konnte bedenkenlos alles gegessen werden. Wilde Melde wuchs zum Beispiel im Frühling auf dem gepflügten und noch nicht bearbeiteten Acker, bevor die letzten Nachtfröste überstanden waren und der Anbau frostempfindlicher Gemüsearten möglich wurde. Sie wird wie Spinat oder Mangold zubereitet, schmeckt aber aromatischer.

Der Löwenzahn, von dem wir schon im März die Blätter für Salat und Suppen verwenden können, schenkt uns später reichlich Knospen, die, von allen Blätter befreit, sehr gut schmecken. Sie werden in Butter und Zwiebeln gedünstet und können mit etwas Sahne verfeinert werden.

Der Überfluss im Sommer und Herbst wurde für den Winter entweder mit Salz konserviert, wie Sauerkraut und Bohnen (Stinkebohnen), oder in Gläsern eingeweckt. Manche Sorten ließen sich in sogenannten Mieten frisch halten, wie Steckrüben, Rote Bete und Kohl. Besondere Bedeutung für den Winter hatten bei uns Frischgemüse, wie Porree (Lauch), Rosenkohl und natürlich der Grünkohl, denn diese Gemüsearten sind winterhart.

Im nächsten Kapitel werden ausschließlich alte Rezepte aus dem Kochbuch der Tante Sissi und aus der bäuerlichen Küche meiner Familie vorgestellt.

Mangold

Viele Menschen kennen dieses schmackhafte Gemüse gar nicht mehr, obwohl es in den letzten Jahren besonders bei italienischen Rezepten wieder vermehrt auftaucht.

Meine Mutter baute es jedes Jahr in großen Mengen an. Man kann Mangold schon im März säen und, regelmäßig geschnitten, hält er im Herbst noch die ersten Fröste aus. In milden Wintern kann Mangold unter einer Decke aus Tannenzweigen sogar überwintern und treibt im Frühling schnell wieder aus.

Mangold hat einen kräftigen Stiel und ein großes Blatt. Es gibt Mangold mit hellen und mit roten Stielen. Er sieht dadurch sehr dekorativ aus. Essen kann man die Blätter mit Stielen.

Im Folgenden die traditionelle Zubereitungsart, bei der Blätter und Stiele getrennt gegart werden. Dafür schneiden Sie die Stiele aus den Blättern heraus. Sie können das nächste Rezept aber auch aus dem ganzen Gemüse zubereiten. Dafür müssen Sie die Stiele vorher klein schneiden und einige Minuten in Salzwasser vorkochen. Das Wasser können Sie aufheben und zum Auffüllen des Gemüses benutzen. Dann wie folgt verfahren.

Mangold wie Spinat

1 kg Mangoldblätter ohne Stiele
1 – 2 Zwiebeln
Fett zum Andünsten
Salz
süße Sahne
eventuell Muskatnuss

Die Mangoldblätter waschen. In einem großen Topf Wasser zum Kochen bringen. Den Mangold darin blanchieren. Danach zerschneiden.
Die Zwiebeln schälen und würfeln. In dem Fett glasig dünsten. Das Gemüse dazugeben. Mit etwas Wasser (oder Gemüsewasser) auffüllen und mit Salz würzen. Bei milder Hitze garen.
Die Sahne dazugeben, kurz einkochen lassen. Noch einmal mit Salz abschmecken. Muskatnuss nach Geschmack.

❍ Dazu essen wir Salzkartoffeln oder Kartoffelpüree sowie Spiegeleier.

❍ Variation: Nach dem gleichen Rezept können Sie wilde Melde, die Blätter von jungen Brennnesseln und Spinat kochen.

Mangoldstiele

500 g Mangoldstiele
1 Zwiebel
2 EL Butter oder Pflanzenmargarine
1 EL Vollkornmehl
Salz
Pfeffer
Muskatnuss
süße Sahne zum Verfeinern
1 Bund Petersilie, gehackt

Die Mangoldstiele klein schneiden und in etwas Salzwasser garen. Dann das Gemüsewasser abgießen und auffangen. Die geschälte und gehackte Zwiebel in Butter andünsten, mit einem Esslöffel Vollkornmehl bestäuben und das Gemüsewasser dazugeben. Die Mangoldstiele wieder in den Topf geben und umrühren. Mit Salz, Pfeffer und Muskat abschmecken. Eventuell mit etwas Sahne verfeinern.
Mit frischer Petersilie bestreut servieren.

Kartoffelauflauf mit versteckten Eiern

Hier wieder ein Originalrezept aus Tante Sissis handgeschriebenem Rezeptbuch. Für dieses Rezept können Sie auch Mangold oder Melde verwenden.

In eine gefettete Auflaufform gibt man zuerst eine Schicht schon fertigen Spinat, dann eine Lage Kartoffelbrei, den man mit etwas heißer Milch, einem Löffel Butter und einem Eigelb glatt gerührt und mit Salz und Muskat gewürzt hat. Nun macht man mit einem Löffel vier Vertiefungen in die obere Schicht und schlägt in jede ein Ei. Mit dem restlichen Kartoffelbrei spritzt man hübsche Verzierungen, belegt die Eier kreuzweise mit gewässerten Sardellen und backt den Auflauf etwa 30 bis 35 Minuten im Ofen (bei etwa 180 bis 200 °C, 170 °C bei Umluft).

Die Sardellen sind in diesem Buch natürlich fehl am Platze, sie werden weggelassen. Dafür die Eier salzen.

Teltower Rübchen

Diese brandenburgische Spezialität habe ich erst bei den Recherchen zu diesem Buch entdeckt und gleich in meinem Garten ausgesät. Die Teltower Rübchen gedeihen gut auf Sandböden, auf märkischem Sand und auch auf niedersächsischem Sand. Die Rübchen sind klein, weiß und rund und haben einen kräftigen, fast bitteren Geschmack. Das Besondere an dem Rezept ist das vorherige Glasieren des Gemüses.

1 kg Teltower Rübchen
40 g Butter oder Pflanzenmargarine
2 EL Vollrohrzucker
etwa 125 ml Gemüsebrühe (siehe Seite 21)
(oder eine Hälfte Weißwein, eine Hälfte Gemüsebrühe)
1 Bund Petersilie, gehackt

Die Rübchen schälen, waschen und in einem Durchschlag gut abtrocknen lassen.
Das Fett in einem Topf erhitzen, den Zucker einrühren und leicht karamellisieren lassen. Nun die Rübchen darin anbraten. Es geht besser, wenn man nicht das ganze Gemüse auf einmal in den Topf gibt, sondern in Portionen aufteilt. Danach das gesamte Gemüse wieder in den Topf geben und Brühe auffüllen. Bei schwacher Hitze etwa 20 Minuten, je nach Größe der Rübchen, garen.
In eine Schüssel geben und mit Petersilie bestreuen.

❍ Dazu serviert man Bratkartoffeln oder Kartoffelpüree.

Stielmus (Rübstiel)

Mit dem Stielmus ging es mir ähnlich wie mit den Teltower Rübchen, es war mir vollkommen unbekannt. Die älteren Menschen kannten es aber noch und erzählten, dass sie es früher im Garten angebaut hätten. Gegessen wird das Grüne der Pflanze, bzw. die Blattstiele samt den Blättern, obwohl es eigentlich eine Rübe ist, die man auch essen kann.

Gesät wird es früh im März und deshalb ist auch die Ernte sehr früh im Jahr. Stielmus hat einen sehr intensiven Geschmack. Entweder man mag es oder nicht. Ich mag es sehr gerne. Inzwischen wird es wieder etwas bekannter, fragen Sie deshalb im Frühjahr bei Ihrem Biobauern nach. Der Anbau im eigenen Garten lohnt sich, weil das Gemüse sehr ergiebig ist, Samen gibt es im Fachhandel.

Mein Rezept:

1 kg feine Rübstielblätter
40 g Butter
1 Zwiebel
250 ml Gemüsebrühe (siehe Seite 21)
150 g Räuchertofu

Das Rübstielgemüse gut waschen und fein hacken.
Die Butter im Topf schmelzen lassen und die geschälte und klein gewürfelte Zwiebel darin glasig dünsten. Nun das Gemüse dazugeben und eine Zeit lang unter Rühren mitdünsten. Gemüsebrühe auffüllen und das Gemüse etwa 15 bis 20 Minuten garen. Räuchertofu in Würfel schneiden und mitdünsten.

❍ Dazu schmecken Salzkartoffeln, Bratkartoffeln oder Kartoffelpüree.

❍ Variation: Anstatt Räuchertofu frische Tomaten mitdünsten und am Schluss mit gehackter Petersilie bestreuen.

Frischer Spargel

Spargel wächst überall dort, wo Sandboden ist. Früher war dieses Gemüse etwas ganz Besonderes. Wenn im Mai geheiratet wurde, fehlte er bei keinem Hochzeitsessen. Er kam als Gemüse in die Hochzeitssuppe (siehe Niedersächsische Hochzeitssuppe, Seite 22) und wurde als Gemüse mit Buttersoße serviert. Dazu wurde der Spargel gekocht, mit Paniermehl bestreut und mit brauner Butter übergossen.

Beliebt war und ist zum Spargel die Holländische Soße, die Bechamelsoße oder Weinsoße (alle Rezepte im Kapitel Soßen, ab Seite 115).

Heute wird neben dem traditionellen weißen Spargel auch grüner Spargel angeboten, dessen Anbau nicht so kompliziert ist. Der Anbau erfolgt in fast industriellen Dimensionen, dadurch ist Spargel heute für jedermann erschwinglich. Zum Glück gibt es inzwischen auch genügend Spargel aus ökologischem Anbau, der etwas teurer ist, dafür köstlich aromatisch schmeckt. Deshalb sollten Sie Spargel frisch vom Biobauern oder auf dem Markt kaufen. Die Schnittstellen des Spargels sollten nicht braun und holzig sein, sondern frisch und saftig.

Grundrezept für weißen Spargel

1 kg frischer Spargel
Salz
1 TL Vollrohrzucker

Den Spargel von den Spitzen nach unten schälen. Die Schnittstellen abschneiden. Die Schalen für Suppe verwenden.
Den Spargel in einen Kochtopf geben, mit Wasser bedecken, salzen und den Vollrohrzucker hinzugeben. Den Spargel zum Kochen bringen und zehn Minuten sanft kochen lassen. Probieren, ob er gar ist, da die Kochzeit von der Dicke des Spargels abhängt. Nun gut abtropfen lassen und das Gemüse auf einer Platte anrichten und entweder mit Paniermehl und Butter begießen, wobei die Butter in einem Topf so lange geschmolzen wird, bis sie nicht mehr schäumt und klar wird. Oder den Spargel mit den angeführten Soßen servieren. Dann bietet sich als Gemüsebrühe die Spargelbrühe an.
Dazu Petersilienkartoffeln servieren. Die gekochten Pellkartoffeln in Butter schwenken, etwas salzen und mit frischer Petersilie bestreuen.

❍ Frischer Spargel eignet sich sehr gut auf einer Gemüseplatte zusammen mit frischen grünen Erbsen, Kohlrabi und jungen Möhren. In diesem Fall wird das Gemüse einzeln zubereitet und in Salzwasser gegart, mit brauner Butter übergossen und mit gehackter Petersilie bestreut.

Geschmorte Möhren

Möhren wurden bei uns als Gemüse meist wie folgt zubereitet. Dazu gab es Salzkartoffeln und Spiegeleier.

1 kg Möhren
1 dicke Gemüsezwiebel
Öl zum Andünsten
Salz
weißer Pfeffer
1 TL Vollrohrzucker oder Honig
Wasser zum Auffüllen (etwa 250 ml oder etwas mehr)
gehackte Petersilie nach Geschmack

Die Möhren schälen und würfeln. Die Zwiebel schälen und würfeln.
Das Öl in einem Topf erhitzen und die Zwiebel darin glasig dünsten. Die Möhren dazugeben und einige Zeit unter Umrühren mitdünsten. Mit Salz, Pfeffer und Vollrohrzucker würzen. Nun mit Wasser auffüllen, den Deckel auf den Topf legen und bei schwacher Hitze 15 bis 20 Minuten schmoren. Zwischendurch umrühren und eventuell etwas Wasser nachfüllen.
Mit Salz und Pfeffer abschmecken. Zum Schluss die Petersilie darüberstreuen und servieren.

❍ Heute reiche ich dieses Gemüse zu Bratlingen oder salzigen Puddings.

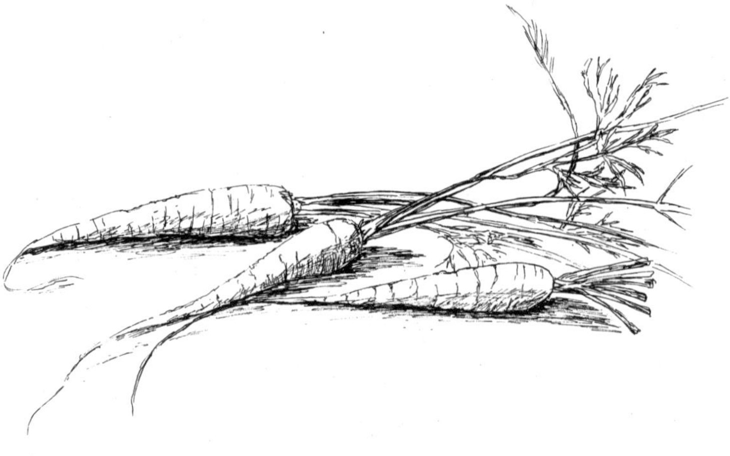

Die Rezeptsammlung der Tante Sissi unterscheidet sich in der Zubereitung des Gemüses von der bäuerlichen Küche und ist der traditionellen bürgerlichen Küche des letzten Jahrhunderts zuzuordnen. Sie ist leichter und deshalb heute interessanter als die eher schweren Gemüserezepte der bäuerlichen Küche.

Blumenkohl mit Tomaten und Pilzen nach Tante Sissi

1 Blumenkohl
750 g Kartoffeln
500 g Tomaten
125 g Pilze
Butter oder Pflanzenmargarine
etwa 1 l Gemüsebrühe (siehe Seite 21)
1 Ei
125 g süße Sahne
eventuell Kartoffelstärke oder Maisstärke
Salz
gehackte Kräuter

Den Blumenkohl in Röschen teilen. Die Kartoffeln in feine Scheiben schneiden (möglichst mit Schalen). Die Tomaten achteln. Die Pilze putzen und klein schneiden. Die Pilze in einem Topf in Fett andünsten. Blumenkohlröschen dazugeben, umrühren. Die Tomaten in den Topf geben. Mit Gemüsebrühe auffüllen, bis das Gemüse bedeckt ist. Nun die Kartoffeln dazugeben. Das Gemüse etwa 20 Minuten garen. Ei und Sahne verquirlen. Die Flüssigkeit damit binden. Falls das Gericht zu flüssig ist, Kartoffelstärke mit Wasser verquirlen, in das Gericht geben und unter Umrühren etwas einkochen lassen. Mit Salz und gehackten Kräutern abrunden.

Gefüllte Gurken nach Tante Sissi

250 g Paniermehl
1 l Milch
1 Zwiebel
Öl
einige Pilze
Pfeffer
Salz
edelsüßes Paprikapulver
1 Bund Petersilie, gehackt
120 g geriebener Käse
3 Eier
2 große Gemüsegurken (pro Person ½ Gurke)
Fett für die Form

Paniermehl in der Milch einige Stunden einweichen.
Die Zwiebel pellen und würfeln und in dem Öl glasig dünsten. Die Pilze putzen und klein schneiden, dazugeben. Mit Pfeffer und Salz würzen. Nun das eingeweichte Paniermehl mit den übrigen Zutaten und den Pilzen mischen.
Die Masse in die längs halbierten und ausgehöhlten Gurken füllen.
In eine gefettete Auflaufform geben und 30 bis 40 Minuten im Backofen bei etwa 180 °C mit Ober- und Unterhitze oder bei 160 °C bei Umluft backen.

Gurkengemüse nach Tante Sissi

2 – 3 Gemüsegurken
1 Zwiebel
einige Tomaten
Öl zum Andünsten
Salz
100 – 150 g süße oder saure Sahne
1 Bund Kräuter, z. B. Dill

Gurken schälen und in fingerlange Streifen schneiden. Zwiebel schälen und würfeln, Tomaten würfeln. Die Zwiebel in einem Topf mit etwas Öl andünsten. Gurken und Tomaten dazugeben, salzen und etwa 15 Minuten garen. Mit süßer oder saurer Sahne und Kräutern verfeinern. Gut passt Schnittlauch oder Dill.

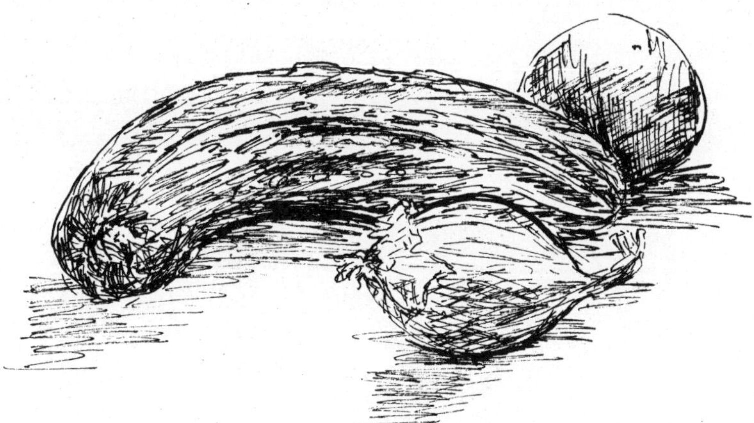

Füllung für Gemüse nach Tante Sissi

Diese Füllung diente gleichermaßen der Zubereitung von Reisbratlingen (siehe Seite 101) und der Zubereitung von gefülltem Gemüse, wie Gurken, Kohlrabi und Zwiebeln.

250 g Reis
500 ml Wasser
1 Zwiebel
250 g Pilze
etwas Öl
Salz
Pfeffer
2 Eier
120 g geriebener Käse

Den Reis in Wasser garen. Die Zwiebel pellen und würfeln. Die Pilze putzen und sehr fein schneiden. Nun das Öl in einer Pfanne erhitzen. Zwiebel darin glasig dünsten. Die Pilze hinzugeben und braten. Mit Salz und Pfeffer abschmecken. Mit dem Reis mischen und die Masse etwas erkalten lassen. Die Eier verquirlen und unter die Masse heben. Zuletzt den Käse unterrühren.
Tante Sissi füllte diese Masse in Gurken, Kohlrabi, Zwiebeln oder Tomaten: Dazu die Gemüse aushöhlen, in eine gebutterte Auflaufform stellen, die Gemüse mit der Masse füllen und 30 bis 40 Minuten im Backofen bei 180 °C backen.

Kohlrouladen

Dieses beliebte traditionelle Rezept lässt sich prima mit Tante Sissis Füllmasse zubereiten.

Füllung nach vorigem Rezept
1 Weißkohl
Fett zum Anbraten
Gemüsebrühe (siehe Seite 21) zum Auffüllen

Zunächst die Füllung (siehe voriges Rezept) zubereiten.
Den Weißkohl in einen Topf mit kochendem Wasser geben und die äußeren Blätter abschneiden, sobald sie etwas weich geworden sind. Diesen Vorgang so lange wiederholen, bis ausreichend Blätter zum Füllen vorhanden sind.
Nun die Blätter abtropfen lassen und die Füllung auf die Blätter verteilen, zunächst die Seiten einklappen und dann aufrollen. Die Rouladen mit Baumwollfäden zusammenbinden.
In einem Topf das Fett erhitzen und die Rouladen von allen Seiten kräftig anbraten. Gemüsebrühe auffüllen, Hitze reduzieren und Rouladen etwa 30 Minuten garen.

❍ Aus dem Gemüsesud eine braune Tunke herstellen, siehe Rezept für Tunken (Soßen) auf Seite 115. Die Rouladen in der Tunke servieren. Dazu werden Salzkartoffeln gereicht.

Grünkohl

Grünkohl ist ein norddeutsches Traditionsgericht, das sich immer noch großer Beliebtheit erfreut. Dieses Gemüse muss Frost bekommen haben, damit es seinen guten süßlichen Geschmack erhält. Es ist ein reines Wintergericht.

In ländlichen Gebieten ist der Anbau von Grünkohl von Schleswig-Holstein bis Westfalen noch überall üblich und im Brauchtum verankert.

In Norddeutschland unternehmen Vereine, Freundeskreise oder Arbeitsteams die sogenannten Grünkohlmärsche oder Kohlfahrten. Hierzu benötigt man einen Bollerwagen (Handkarren) mit vielen Getränken, besonders Glühwein; denn Grünkohlmärsche finden ausschließlich im Winter statt, wenn der Grünkohl zum Essen bereit ist. Deshalb benötigt man heiße Getränke gegen die Kälte. Diese Märsche finden bei jedem Wetter statt, auch bei klirrender Kälte, Regen oder starkem Nord-Ost-Wind. Sie sind somit eine wahre Herausforderung an jeden Teilnehmer und nur etwas für Hartgesottene.

In Ostfriesland und auch über seine Grenzen hinaus, wird dabei häufig gebosselt. Das ist ein altes Spiel, bei dem die sogenannte Bosselkugel die Straße entlang geworfen wird. Die Kugel ist innen aus Eisen und außen aus Holz und hat etwa die Größe eines Tennisballes. Es geht bei dem Spiel darum, möglichst weit zu werfen. Leider fallen die Kugeln oft in den Graben. Dieses Spiel ist natürlich nur im Flachland möglich. Es gibt noch diverse andere Spiele, die gebräuchlich sind, deren Erklärung hier den Rahmen sprengen würde. Sie sind alle ziemlich blödsinnig, machen aber höllisch Spaß.

Am Schluss eines solchen Marsches findet dann das Grünkohl-Essen statt. Dieses bedeutet nicht selten eine große Herausforderung für den Magen, da Grünkohl mit viel fettem Fleisch serviert wird. Nichts für die vegetarische Vollwertküche, werden Sie spontan sagen. Aber halt, das stimmt nicht. Die Vollwertküche hat den Grünkohl längst für sich entdeckt. Er ist viel zu gesund und schmeckt zu gut, um ihn zu verschmähen.

Grünkohl auf meine Art schmeckt ganz prima. Ich empfehle, vorher einen langen und ausgiebigen Spaziergang (Kohlmarsch) zu machen.

Grünkohl

2 kg Grünkohl
1 große Zwiebel
1 – 2 Stangen Porree
80 – 100 ml Olivenöl
50 g Butter
etwa 1 l Gemüsebrühe (siehe Seite 21)
80 g Hafergrütze
(fertig kaufen oder Hafer grob schroten;
es können auch Haferflocken genommen werden)
Pfeffer
Salz
Räuchertofu, Butter (wer möchte)

Den Grünkohl von den Strünken befreien und klein schneiden.
Zwiebel pellen und klein schneiden. Porree in Scheiben schneiden.
Olivenöl und Butter im Topf erhitzen (Grünkohl braucht viel Fett, eventuell mehr Olivenöl verwenden). Zunächst die Zwiebel glasig dünsten, dann den Porree dazugeben. Zuletzt den Grünkohl hinzufügen und alles gut umrühren.
Das Gemüse mit Gemüsebrühe auffüllen, sodass es bedeckt ist. Nun die Hafergrütze dazugeben. Den Deckel auf den Topf legen und bei nicht zu starker Hitze 30 bis 40 Minuten schmoren lassen. Dabei ab und zu umrühren und die Flüssigkeit kontrollieren, eventuell nachgießen, da der Grünkohl sonst anbrennt.
Das Gericht ist gar, wenn die Grütze weich ist und das Gemüse gut schmeckt.
Mit Pfeffer und Salz abschmecken.
Wer möchte, kann Räuchertofu in Scheiben schneiden, in Butter braten und dazu servieren. Der Rauchgeschmack passt gut zum Grünkohl.

❍ Dazu isst man Salzkartoffeln oder Bratkartoffeln. In Schleswig-Holstein werden die Bratkartoffeln wie der Grünkohl mit etwas Zucker (Vollrohrzucker) gewürzt. Das Nachwürzen mit Zucker ist auch in anderen Gegenden üblich, wenn der Grünkohl nicht süß genug schmeckt, also nicht genug Frost bekommen hat.

Geschmorte Schwarzwurzeln

Schwarzwurzeln sind ein altes Wintergemüse, das meine Mutter in großen Mengen anbaute, weil sie es so liebte. Sie nannte Schwarzwurzeln auch Winterspargel. Dieses Gemüse kommt langsam wieder in Mode.

Schwarzwurzeln müssen geschält werden. Dafür kann man einen Spargelschäler nehmen. Vorteilhaft ist, wenn man beim Schälen Handschuhe anzieht, weil aus dem Gemüse ein klebriger Saft austritt. Nach dem Schälen die Schwarzwurzeln gleich in eine Schüssel mit Zitronenwasser legen, damit sie nicht dunkel werden.

1 kg Schwarzwurzeln
2 EL Butter oder Pflanzenmargarine
Wasser
Salz
1 TL Vollrohrzucker
125 g Sahne oder 125 ml Milch
1 Bund Petersilie, gehackt

Die Schwarzwurzeln schälen und in kleine Stücke schneiden. Die Butter im Topf schmelzen und die Schwarzwurzeln dazugeben. Mit etwas Wasser auffüllen und salzen und zuckern. Bei schwacher Hitze 15 bis 20 Minuten garen. Mit Sahne und Petersilie verfeinern.

Weißkohl mit Kümmel

Weißkohl ist nicht nur in unserem Lande ein Traditionsgemüse. Er lässt sich gut anbauen und gut lagern. Seine Verwendung ist vielseitig und würde vermutlich schon ein Kochbuch füllen. Hier ein traditionelles Rezept aus Schaumburg/Lippe, das es ähnlich sicherlich in ganz Deutschland gab.

Pflanzenfett zum Anbraten
1 Zwiebel
1 kg fein geschnittener Weißkohl
Wasser
Salz
Kümmel

Das Fett in einem Topf schmelzen, die geschälte und gewürfelte Zwiebel glasig dünsten und dann den Kohl darin gut anbraten. Er darf ruhig etwas braun werden, dann schmeckt er besser. Mit etwas Wasser auffüllen und den Kohl mit Salz und Kümmel würzen. Der Kohl ist gar, wenn er weich ist und gut schmeckt.

Rote-Bete-Gemüse

Rote-Bete-Gemüse ist mein Leibgericht. Meine Oma baute viel Rote Bete für den Winter an. In unserem Sandboden gedieh dieses Gemüse sehr gut. Im Winter kam es in die Miete, sodass wir den ganzen Winter Rote Bete essen konnten.

1 kg Rote Bete
1 große Zwiebel
Pflanzenfett zum Anbraten
Wasser zum Auffüllen
1 TL gekörnte Gemüsebrühe
1 Lorbeerblatt
Salz
schwarzer Pfeffer
saure Sahne
frische Kräuter, falls vorhanden

Die Rote Bete schälen und in Würfel schneiden. Die Zwiebel würfeln und in dem Fett glasig dünsten. Die Rote Bete dazugeben und alles umrühren. Etwas Wasser dazugeben und mit der Gemüsebrühe und dem Lorbeerblatt würzen. Das Gemüse 20 bis 30 Minuten garen, zwischendurch umrühren und eventuell etwas Flüssigkeit nachfüllen. Beim Garen sollte genug Flüssigkeit als Soßengrundlage zurückbleiben. Mit Salz und Pfeffer abschmecken.
Am Schluss mit der sauren Sahne abschmecken.
Frische Kräuter verfeinern das Gericht und geben ihm jeweils eine eigene Richtung. Frischer Dill, Schnittlauch oder Petersilie, aber auch Majoran schmecken gut dazu.

Rote Bete auf niederländische Art

In den Niederlanden ist in manchen Gegenden Rote Bete als Gemüsebeilage sehr beliebt. Dazu wird das Gemüse geschält und grob geraspelt, mit Zwiebeln geschmort und mit Essig und Zucker abgeschmeckt. Das regte mich zu folgendem Rezept an. Ähnlich wird in Niedersachsen Rotkohl gekocht.

1 kg Rote Bete
1 große Zwiebel
3 mittelgroße Äpfel
Öl zum Anbraten
Salz
schwarzer Pfeffer
1 – 2 Lorbeerblätter
4 Gewürznelken
Apfelsaft

Die Rote Bete schälen und grob raspeln. Die Zwiebel schälen und würfeln. Die Äpfel schälen, das Kerngehäuse entfernen und die Äpfel klein schneiden.
Pflanzenöl in einem Topf erhitzen und die Zwiebel darin glasig dünsten. Die Rote Bete dazugeben und mit etwas Wasser zum Kochen bringen. Salz und die übrigen Gewürze sowie die Äpfel in den Topf geben und umrühren. Falls die Flüssigkeit nicht ausreicht, Apfelsaft nachgießen, das gibt ein gutes süßsäuerliches Aroma ganz ohne Zusatz von Essig und Zucker.

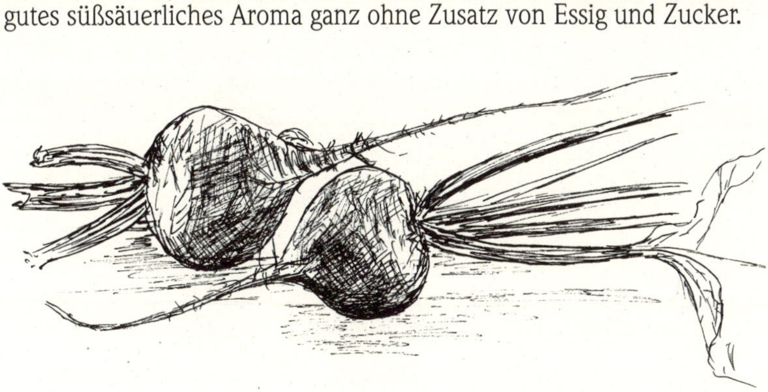

Rotkohl

Rotkohl ist in der Zubereitung etwas aufwendig, schmeckt dafür ganz toll.

1 kg fein geschnittener Rotkohl
Pflanzenfett zum Anbraten
etwas Wasser zum Auffüllen
1 Lorbeerblatt
1 mit Gewürznelken gespickte Zwiebel
4 geschälte und fein geschnittene Äpfel
Salz
Vollrohrzucker
Essig
schwarzer Pfeffer

Den fein geschnittenen Rotkohl in dem Fett andünsten und mit etwas Wasser auffüllen. Das Lorbeerblatt und die gespickte Zwiebel dazugeben. Etwas schmoren lassen. Nun die Äpfel in den Topf geben und unterrühren. Das Gemüse salzen und bei geschlossenem Topf 30 bis 40 Minuten auf kleiner Flamme garen.
Am Schluss mit Vollrohrzucker, Essig und Pfeffer aus der Mühle kräftig würzen.

❍ Nach Geschmack kann anstatt mit Pfeffer auch mit Zimt gewürzt werden, z. B. zur Weihnachtszeit.

Sauerkraut mit Äpfeln

Ein Sauerkrautrezept darf natürlich nicht fehlen. Es ist wohl das traditionellste Gemüse und so gesund. Im Winter gab es bei uns früher häufig Sauerkraut nach folgendem Rezept.

1 große Zwiebel
Pflanzenfett
750 g Sauerkraut
4 säuerliche Äpfel
einige Wacholderbeeren
1 Lorbeerblatt
etwa 125 ml Wasser mit Apfelsaft

Die Zwiebel schälen, in Würfel schneiden und in dem Fett im Topf glasig dünsten. Das Sauerkraut mit der Gabel lockern und dazugeben. Die Äpfel schälen und klein schneiden. Mit den Wacholderbeeren, dem Lorbeerblatt, dem Wasser und dem Apfelsaft zu dem Sauerkraut geben und etwa 20 Minuten garen.

❍ Servieren Sie dazu Kartoffelpüree und Tofu-Würstchen (im Naturkostladen oder Reformhaus erhältlich).

Sauerkraut gebacken

Das folgende Rezept ist aus Tante Sissis handgeschriebener Rezeptsammlung und sehr empfehlenswert.

750 g Kartoffeln
etwas heiße Milch
etwas Butter
Fett für die Form
750 g Sauerkraut,
das mit einer Zwiebel und 2 EL Pflanzenfett gekocht wurde
250 g saure Sahne
3 EL geriebener Käse
2 verquirlte Eier

Die Kartoffeln schälen, in Salzwasser kochen, abgießen und mit der Milch und der Butter zu Kartoffelbrei stampfen.
In eine gefettete Auflaufform zuerst eine Lage Kartoffelbrei füllen, dann eine Lage Sauerkraut, dann wieder Kartoffelbrei, Sauerkraut und so weiter.
Aus der sauren Sahne, dem Käse und den Eiern einen Guss bereiten und über den Auflauf gießen.
Das Gericht wird bei etwa 180 °C etwa 30 Minuten im Backofen gebacken.

Nachspeisen

Auch in der Vollwertküche braucht man auf gute Nachspeisen nicht zu verzichten. Hier einige alte Rezepte:

Holundercreme

Dieses Rezept entstand aus unserem Vorrat an Holundersaft, der im Winter im Keller stand. Es schmeckt köstlich.

500 ml Holundersaft (eventuell mit etwas Apfelsaft vermischen, wenn der Holundersaft zu streng schmeckt)
Vollrohrzucker nach Geschmack
1 Prise Zimtpulver
2 gehäufte EL Maisstärke
200 g süße Sahne

Holundersaft zunächst mit etwas Vollrohrzucker süßen und mit etwas Zimt und Apfelsaft abschmecken.
Den Holundersaft zum Kochen bringen. Die Stärke anrühren und den Saft damit binden. Gut mit dem Schneebesen durchschlagen. Abkühlen lassen, dabei häufig durchschlagen.
Die Sahne steif schlagen. Unter die etwas abgekühlte Creme heben, fertig.

❍ Variation: Anstatt Holundersaft Apfelsaft oder Weißwein verwenden.

Bratapfel mit Vanillesoße

Bratäpfel gab es bei uns zu Hause um die Weihnachtszeit fast täglich. Sie wurden im Backkasten der Kochmaschine gebacken, allerdings ohne Beilage nach dem Abendessen.

Als Nachtisch wurden Bratäpfel mit Vanillesoße serviert. Das mochte ich besonders gern.

Pro Person:
1 – 2 Äpfel
Butter für die Form
1 EL Rosinen und gehackte Nüsse pro Apfel

Für die Soße:
500 ml Milch
1 Vanilleschote
1 Ei
1 EL Maisstärke
2 EL Vollrohrzucker
etwas Milch

Zunächst die Kerngehäuse ausstechen und die Äpfel in eine Auflaufform geben, die vorher mit Butter ausgestrichen wurde. Rosinen und Nüsse in die Apfelhöhlen geben. Bei etwa 200 °C 10 bis 15 Minuten im Backofen backen.
Inzwischen die Soße kochen. Dazu die Milch mit dem ausgeschabten Mark der Vanilleschote zum Kochen bringen.
Das Ei trennen, die Maisstärke mit dem Eigelb, dem Zucker und etwas Milch verrühren.
Das Eiweiß zu Schnee schlagen.
Wenn die Milch zu kochen beginnt, den Topf von der Kochstelle nehmen, das Stärkegemisch hineingeben, mit einem Schneebesen einrühren und kurz aufkochen lassen. Vorsichtig, es brennt schnell an. Eischnee unterschlagen. In eine Soßenschüssel geben.

❍ Vor dem Anrichten in die Mitte der Bratäpfel je 1 TL Gelee geben.

Rote Grütze nach traditioneller norddeutscher Art

Rote Grütze oder »Rot Grüt«, wie sie auf Plattdeutsch heißt, ist eine traditionelle norddeutsche Nachspeise, die häufig zu besonderen Anlässen gereicht wird. Sie besteht heute aus einer roten Früchtemischung, die es tiefgekühlt zu kaufen gibt. Unter dem Zusatz roter Säfte wird die Fruchtmasse mit Maisstärke angedickt.

Ursprünglich wurde Rote Grütze aus dem Saft gekocht, den man im Sommer aus den verschiedenen Früchten gewann. Eine Ausnahme bildete die Rote Grütze aus Sauer- oder Süßkirschen, die zur Kirschenzeit in großen Mengen in Gläser eingeweckt wurden.

Das folgende Rezept ist die traditionelle Variante aus Fruchtsaft. Legen Sie sich doch auch im Sommer einen Saftvorrat an.

1 l roter Fruchtsaft, z. B. Brombeersaft, Himbeersaft, Sauerkirschsaft
Vollrohrzucker nach Geschmack
90 g Maisstärke (etwa 4 EL)
oder 120 g Sago

Den Saft nach Geschmack süßen und zum Kochen bringen. Bei Verwendung von Speisestärke diese mit etwas kaltem Wasser oder Fruchtsaft anrühren und in den kochenden Saft rühren. Noch kurz bei abgeschaltetem Herd weiterkochen lassen.
Wird Sago verwendet, diesen in die kochende Flüssigkeit einrühren und bei geringer Hitze etwa 15 Minuten weiterköcheln lassen. Sago benötigt etwas länger, bis er glasig wird.

❍ Die fertige Grütze gibt man in eine Glasschüssel und reicht dazu geschlagene Sahne oder Vanillesoße (siehe voriges Rezept).

Tutti-Frutti auf Fias Art

Tutti-Frutti heißt tatsächlich eine Nachspeise, die meine Schwiegermutter von der legendären Tante Sissi übernommen hat. Sie wurde früher aus eingeweckten Erdbeeren an Sonntagen gekocht.

500 g Erdbeeren, gekocht mit Saft
etwa 125 g Vollkornbutterkekse
500 ml Milch
2 EL Speisestärke
2 EL Vollrohrzucker
1 Eigelb
1 Vanilleschote
1 steif geschlagenes Eiweiß

Die gekochten Erdbeeren mit Saft in eine Schüssel geben. Der Saft darf die Erdbeeren gerade nur bedecken.
Die Butterkekse zerkleinern und auf den Erdbeeren verteilen.
Die Milch zum Kochen bringen. Speisestärke mit Zucker, Eigelb, dem ausgeschabten Mark der Vanilleschote in etwas Milch anrühren. In die kochende Milch geben und mit dem Schneebesen durchschlagen. Dann das geschlagene Eiweiß unterziehen. Auf die Kekse geben.

Brotrezepte

Brot ist in zahlreichen Kulturen Grundnahrungsmittel. Es gibt trotzdem wohl kaum ein Land auf der Welt mit so vielen Brotsorten wie Deutschland.

Das Brotbacken habe ich von meiner Oma gelernt. Als ich ein kleines Mädchen war, wurde noch regelmäßig Brot aus Weizenmehl gebacken. Aus dem gleichen Teig gab es an Weihnachten Brötchen.

Schwarzbrot war das wichtigste Grundnahrungsmittel im norddeutschen Raum. Für ein gutes Schwarzbrot nahm man lange Wege auf sich. Bei uns wohnte der Schwarzbrotbäcker acht Kilometer entfernt. Einmal in der Woche fuhren wir Kinder dorthin, um Schwarzbrot zu holen. Und in ihrer Kindheit war es schon die Aufgabe meiner Mutter gewesen.

Heute gibt es nur noch wenige Schwarzbrotbäcker. Und ob Sie es mir glauben oder nicht, für ein gutes Schwarzbrot fahren viele Leute nach wie vor viele Kilometer.

Ein Rezept für Schwarzbrot habe ich natürlich auch.

Die übrigen Rezepte sind einfache alte Rezepte, die mit Trockenhefe schnell zubereitet sind. Ich habe auf die schwierigen Backrezepte verzichtet. Folgende Rezepte sind für Einsteiger (auch ohne Brotbackautomat) gut geeignet.

Schwarzbrot

Das Rezept stammt von meiner Freundin Angie, die dieses Brot ab und zu noch backt:

1 l Buttermilch
500 g Rübensirup
2 Päckchen Trockenhefe ohne Emulgator
500 g Roggenschrot
250 g Weizenschrot
500 g Weizenvollkornmehl
1 EL Salz

Buttermilch und Sirup in einer großen Schüssel verrühren. Die Trockenhefe nach Packungsanleitung vorbereiten und dazugeben. Nun mit den übrigen Zutaten vermengen und gut durcharbeiten, das geht gut mit einem Holzlöffel.
Eine große Kastenform (50 Zentimeter Länge) mit Backpapier gut auslegen, die Ränder können ruhig etwas überstehen. Den Teig einfüllen. Mit Alufolie abdecken. Die Form mit einem Topf Wasser in den vorgeheizten Backofen stellen. Nun das Brot zunächst eine Stunde bei 170 °C und dann zwei Stunden bei 140 °C backen (Umluft zunächst 140 °C, dann 120 °C, nicht vorheizen).
Den Ofen ausschalten und das Brot zwölf Stunden im geschlossenen Ofen ziehen lassen. Auf keinen Fall den Ofen vorher öffnen.

Kürbisbrot

Dieses Brot würde nach dem Krieg viel gebacken. Es kam dann wieder aus der Mode, erfreut sich in den letzten Jahren aber wieder großer Beliebtheit. Der Teig wird sehr locker und saftig.

250 g Kürbiswürfel
500 g Weizenvollkornmehl
1 gestr. TL Salz
2 EL Öl
etwa 125 ml Wasser
1 Päckchen Trockenhefe ohne Emulgator
1 EL Honig
etwas Mehl
Fett für die Form

Den geschälten und gewürfelten Kürbis mit etwas Wasser etwa 15 Minuten gar kochen und pürieren.
Die übrigen Zutaten in eine Schüssel geben. Die Hefe nach Packungsanweisung zubereiten und dazugeben. Am Schluss die Kürbismasse lauwarm in die Schüssel geben.
Mit dem Knethaken des Handrührgerätes gut durchkneten. Die Schüssel mit einem Tuch bedecken und den Teig gehen lassen, bis sich sein Volumen etwa verdoppelt hat. Noch einmal durchkneten, dabei die Hände mehlen, weil der Teig häufig nicht so fest ist.
Eine kleine Kastenform einfetten. Den Teig einfüllen.
Das Brot bei 200 °C (Umluft 180 °C, nicht vorheizen) 40 bis 50 Minuten backen.

❍ Dieses Brot schmeckt immer – zum Frühstück, abends und als Beilage zu Suppen.

Hefe-Weizen-Brot

2 Päckchen Trockenhefe ohne Emulgator
etwa 500 ml Milch
1 kg Weizenvollkornmehl, sehr fein gemahlen
1 TL Salz
2 TL Vollrohrzucker oder Honig
Fett für die Form

Die Trockenhefe nach Packungsanweisung anrühren. Die Milch erwärmen. Alle Zutaten in eine Schüssel geben und mit dem Knethaken des Handrührgerätes einen nicht zu festen Teig herstellen. An einem warmen Ort etwa eine Stunde gehen lassen, bis sich das Teigvolumen verdoppelt hat. Noch einmal durcharbeiten.
In eine gefettete Kastenform den Teig einfüllen. Backofen auf 200 °C vorheizen (Umluft 180 °C, nicht vorheizen). Das Brot 50 bis 60 Minuten backen.
Mit einer Stricknadel in das Brot stechen. Wenn beim Herausziehen kein Teig mehr an der Nadel hängt, ist das Brot fertig.

Kartoffelbrot

Mit Kartoffeln wurden sogar Kuchen gebacken. Der Teig wird sehr schön, und das Gebäck bekommt einen guten Geschmack.

250 g Kartoffeln
100 ml Kartoffelwasser
100 ml Milch
500 g Weizenvollkornmehl
1 Päckchen Trockenhefe ohne Emulgator
1 TL Salz
1 EL Honig oder Vollrohrzucker
Fett für die Form

Kartoffeln kochen und abgießen, dabei das Kochwasser auffangen. Kartoffelwasser und Milch mischen.
Die Kartoffeln stampfen und das Wasser-Milch-Gemisch einarbeiten, sodass ein Kartoffelbrei entsteht.
Das Mehl in eine Schüssel geben.
Die Trockenhefe nach Packungsanweisung ansetzen und mit dem Salz und Zucker zu dem Mehl geben. Nun den Kartoffelbrei dazugeben.
Mit dem Knethaken des Handrührgerätes gut durchkneten. Etwa eine Stunde an einem warmen Ort gehen lassen, bis sich das Teigvolumen verdoppelt hat. Noch einmal durchkneten.
Den Teig in eine gefettete Kastenform einfüllen. Backofen auf 200 °C vorheizen (Umluft 180 °C, nicht vorheizen). Das Brot eine Stunde backen.

❍ Kartoffelbrot ist ein herzhaftes und sehr leckeres Brot.

Buttermilchbrot

Buttermilch wurde in den bäuerlichen Haushalten als Abfallprodukt des Butterns viel in der Küche eingesetzt. Besonders zum Brotbacken eignet es sich hervorragend.

500 g Weizenvollkornmehl
1 Päckchen Trockenhefe ohne Emulgator
1 gestrichener TL Salz
1 TL Honig
350 ml Buttermilch
Fett für die Form

Das Mehl in eine Schüssel geben. Die Trockenhefe nach Packungsanweisung zu dem Mehl geben. Salz und Honig dazugeben. Die Buttermilch erwärmen (lauwarm) und in die Schüssel gießen. Mit dem Knethaken des Handrührgerätes oder der Küchenmaschine gut durcharbeiten. Danach noch einmal mit der Hand gut durchkneten, mit einem Tuch bedecken und so lange an einem warmen Ort ruhen lassen, bis sich das Teigvolumen verdoppelt hat (etwa 60 Minuten). Noch einmal durchkneten. Eine Kastenform gut ausfetten. Den Teig einfüllen. Backofen auf 200 °C vorheizen (Umluft 180 °C, nicht vorheizen). Das Brot 50 bis 60 Minuten backen. Während des Backens einen Topf mit kochendem Wasser in den Ofen stellen, damit das Brot nicht so trocken wird. Das Brot aus der Form lösen und auskühlen lassen.

❍ Buttermilchbrot ist sehr locker und schmeckt besonders gut zum Frühstück.

Fruchtaufstriche, Eingemachtes, Eingelegtes und Gedörrtes

In einem Buch über traditionelle Rezepte darf ein Kapitel über das Konservieren von Lebensmitteln nicht fehlen. Die Früchte des Sommers und des Herbstes mussten das ganze Jahr reichen. Wir benötigen keine Konservierungsmittel, sondern begnügen uns mit den alten Techniken des Konservierens, dem Einwecken und Trocknen von Lebensmitteln.

Zwetschgenmus

Zwetschgenmus wird aus den sehr reifen Früchten gekocht, die bis zum Schluss am Baum hängen bleiben. Da Zwetschgenbäume sehr ertragreich sind, wurden davon meistens größere Mengen gekocht.

In Norddeutschland ist Zwetschgenmus sehr beliebt als Brotaufstrich, als Kuchenbelag und als Beilage zu frischen Waffeln.

Im Gebiet um Rhein und Mosel isst man Zwetschgenmus traditionell auch zu Pellkartoffeln.

10 kg reife Zwetschgen
1 kg Vollrohrzucker oder weniger
eventuell Zimt und Gewürznelken als Gewürze

Zwetschgen entsteinen und in kleine Stücke schneiden. Die angegebene Fruchtmenge genau abwiegen und in einen großen Topf geben. Nun die Zwetschgen zum Kochen bringen auf mittlerer Temperatur kochen und bis auf etwa zwei Drittel der Menge einkochen lassen. Dann den Zucker dazugeben, wobei die Menge verringert werden kann. Wenn die Früchte sehr reif und süß sind, kann ganz auf Zucker verzichtet werden.
Das Mus so lange kochen, bis es dickbreiig ist (kann einige Stunden dauern). Als Test etwas Mus auf einen Teller geben und erkalten lassen. Nach Geschmack kann mit gemahlenem Zimt oder/und Gewürznelken gewürzt werden.
Gläser mit Schraubverschlüssen reinigen und dann auskochen. Das Mus in die Gläser füllen und sofort schließen. Auf den Kopf stellen. Die Gläser müssen sich zugezogen haben. Die Deckel wölben sich dann nach innen.

Fruchtmus mit Konfigel

Konfigel ist ein Geliermittel auf der Grundlage von Pektin und Kartoffelstärke, mit dessen Hilfe ohne Mühe Fruchtmus hergestellt werden kann. Sie erhalten es im Bioladen. Der Vorteil ist, dass im Gegensatz zur üblichen Konfitüre (gilt auch für Gelee) nur wenig oder gar kein Zucker notwendig ist. Der Nachteil ist, dass das Mus nach dem Öffnen der Gläser schnell aufgebraucht werden muss, da es sonst verdirbt.

Es eignen sich zur Herstellung zunächst alle Fruchtarten, die auch für Konfitüren verwendet werden, also Erdbeeren, Himbeeren, Aprikosen, Brombeeren usw. Die Früchte werden gesäubert und zerkleinert, möglichst püriert. Danach wird das Konfigel (auf 1 kg Früchte oder 0,7 l Saft 15 g Konfigel) unter die Früchte gerührt. Gesüßt wird nach Geschmack, mit bis zu 300 g Vollrohrzucker, Honig oder Ahornsirup. Das Fruchtmus wird drei bis vier Minuten gekocht und dann noch heiß in saubere Gläser gefüllt. Den Deckel sofort fest zudrehen, damit die Gläser sich zuziehen können. Wenn sich der Deckel flach nach innen gezogen hat, ist das Glas fest zu und der Inhalt kann nicht mehr verderben. Allerdings, wie schon erwähnt, nach dem Öffnen hält das Fruchtmus im Kühlschrank nur einige Tage.

Gelee wird der Saftmenge entsprechend hergestellt.

Apfelsaft ist meistens süß genug, sodass gar kein Vollrohrzucker oder Honig zugefügt werden muss.

Rübensirup

Früher wurde Rübensirup auf den Bauernhöfen selbst hergestellt. Auch nach dem Krieg blieb vielen Menschen nichts anderes übrig, als selbst Rübensirup zu kochen. Er ist nicht nur ein köstlicher Brotaufstrich oder zum Süßen von Speisen geeignet, sondern auch notwendige Zutat für Schwarzbrot (siehe Seite 158) und Pumpernickel.

Und so wurde er gemacht:

Einige Zentner Zuckerrüben, etwa vier bis fünf, wurden sorgfältig gewaschen, mit einem scharfen Messer von restlichen unreinen Stellen befreit und die grünen Köpfe wurden entfernt.

Dann wurden die Rüben in einem großen Kessel (groder Pott – ein in einem Ofen integrierter Kessel, der von unten mit Holz oder Torf beheizt wurde) in wenig Wasser gegart. Anschließend presste man die Rüben aus, wozu es eine spezielle Rübenpresse gab. Der so gewonnene Saft wurde durch ein Sieb gegossen und anschließend so lange bei starker Hitze gekocht, bis eine dickflüssige dunkle Masse entstanden war.

Wer Lust zum Experimentieren hat, kann es ja einmal mit einer kleineren Menge versuchen, es gibt Rübensirup aber auch in guter Qualität zu kaufen.

Dreimus

Dreimus ist ein Fruchtmus, das in meiner Kindheit noch viel gekocht wurde, aber heute aus der Mode gekommen ist. Seit einigen Jahren steht es bei uns wieder regelmäßig auf dem Speiseplan.

zu gleichen Teilen:
reife süße Zwetschgen
Äpfel (Fallobst)
reife Birnen

Zwetschgen entsteinen und klein schneiden. Die Äpfel und Birnen schälen, vom Kerngehäuse befreien und ebenfalls klein schneiden. Alles zusammen mit wenig Wasser im Topf kochen, bis die Äpfel und Birnen anfangen zu zerfallen (geht relativ schnell). Dann die Masse pürieren. Gezuckert werden muss das Mus nicht.
Wer auf Vorrat Dreimus kocht, der sollte es entweder einfrieren oder in saubere Gläser füllen (Joghurtgläser eignen sich gut). Die Deckel auskochen. Mus in die gut gespülten Gläser füllen. Deckel fest zuschrauben. In einen Einkochtopf stellen. Wasser einfüllen, bis die Gläser zu zwei Drittel im Wasser stehen. 30 Minuten bei 100 °C sterilisieren.
Wenn Sie keinen Einkochtopf besitzen, können Sie auch einen großen Kochtopf nehmen. Legen Sie ein gefaltetes Küchenhandtuch auf den Topfboden, stellen Sie die Gläser hinein, füllen Sie Wasser hinein, bis die Gläser zu zwei Drittel im Wasser stehen und schließen Sie den Deckel. Das Wasser zum Kochen bringen. Dann auf halbe Stärke zurückschalten und etwa 30 Minuten sterilisieren. Topf von der Kochstelle nehmen und Gläser auskühlen lassen.

❍ Dreimus ist lecker zu Gries- und Hirsebrei, zu Milchreis oder beliebigen Mehlspeisen und auch als Brotaufstrich.

Apfelmus

Apfelmus ist in der traditionellen Küche als Grundnahrungsmittel zu bezeichnen und lässt sich auch einkochen. Besonders in Zeiten, wo die Äpfel reif sind, gibt es genügend Fallobst, um sich für den Winter eine Reserve anzulegen.

So wird es gemacht: Äpfel schälen, Kerngehäuse herausschneiden und Äpfel achteln. In einem großen Topf mit wenig Wasser und Zitronensaft weich kochen. Nach Geschmack mit Vollrohrzucker süßen. Eventuell pürieren.

Beim Einkochen wie bei Dreimus verfahren (siehe Seite 167).

Apfelmus kann auch eingefroren werden und schmeckt dann wie frisch zubereitet. Dann lässt man Zucker und Zitronensaft weg.

Preiselbeerkompott

500 g Preiselbeeren
150 g Vollrohrzucker
250 ml Wasser

Preiselbeeren gut waschen und abtropfen lassen. Beeren verlesen und von den Stielen befreien. Zucker und Wasser zum Kochen bringen und die Beeren in die kochende Flüssigkeit geben. Etwa zehn Minuten kochen lassen.

- Falls Sie das Preiselbeerkompott einkochen wollen, die abgekühlten Beeren in Gläser füllen und wie beim Dreimus (siehe Seite 167) verfahren.

Sauerkraut im Topf

5 kg Weißkohl
100 g Salz
eventuell Pfefferkörner und Wacholderbeeren
1 Steintopf

Frische Weißkohlköpfe, es sollte unbedingt Bio-Kohl sein, von den äußeren Blättern befreien und fein hobeln. Nun mit dem Salz in einem Steintopf stampfen. Immer eine Lage Kraut mit Salz bestreuen und so lange stampfen, bis sich Saft bildet. Der Saft muss am Schluss über dem Kohl stehen. Dann alles mit einem vorher gut ausgekochten Leintuch bedecken. Einen Teller auf das Tuch stellen und mit einem Stein (ebenfalls vorher auskochen) beschweren. An einen kühlen Ort stellen und gären lassen. Die Gärung dauert vier bis sechs Wochen.
Man kann auch Pfefferkörner und Wacholderbeeren mit einstampfen.
Zwischendurch die sich bildenden Trübstoffe abschöpfen und das Leintuch auswaschen und wieder auf das Kraut legen.
So hat meine Oma Sauerkraut gemacht. Im späten Herbst eingestampft, wurde es am Heiligen Abend zum ersten Mal gegessen.
Es empfiehlt sich, Sauerkraut nach der Gärung einzufrieren, da es im Steintopf nachsäuert.

❍ Es ist auch möglich, kleinere Mengen im Einmachglas gären zu lassen. Dazu muss das Kraut vorher in einer Schüssel gestampft werden. Ansonsten wie beschrieben vorgehen.

Kräuter- und gewürzter Essig

Ein Beet mit Gewürzkräutern war in den alten Bauerngärten eine Selbstverständlichkeit. Gewürze waren teuer. Mit Essig ließen sich Kräuter- und Würzspezialitäten selbst herstellen. Das Würzen von Essig ist deshalb eine alte Kunst.

Heute sieht man gewürzten Essig häufig für einen stolzen Preis zum Kauf angeboten. Selbst ansetzen lohnt sich, man muss nur wissen, wie es geht, dann können Sie sich einen eigenen Vorrat anlegen.

Wer kein eigenes Kräuterbeet hat, sollte Freunde oder Bekannte fragen oder zur Saison auf dem Markt die Kräuter am Bio-Stand kaufen.

Auf den folgenden Seiten finden Sie meine Lieblingsrezepte.

Dillessig

100 g gehackter Dill
1 Einmachglas zum Ansetzen (1½ l)
1 l Weinessig
1 EL Senfkörner
10 leicht zerdrückte bunte Pfefferkörner

Der Dill sollte noch nicht blühen. Benötigt werden die frischen grünen Triebe.
Den Dill waschen und gut trocknen lassen. Dann hacken und in das Einmachglas geben. Den Essig darauf gießen, umrühren und das Glas mit dem Deckel verschließen. In der Küche zwei bis drei Wochen durchziehen lassen. Während dieser Zeit ab und zu umrühren.
Nach zwei bis drei Wochen durch ein Haarsieb abgießen. In eine schöne Flasche mit Schraubverschluss gießen. Die Gewürze dazugeben und verschließen.

❍ Schmeckt zu allen Salaten. Besonders zu empfehlen ist eine Marinade aus folgenden Zutaten, die gut miteinander verrührt werden:
3 EL Dillessig, 5 EL Maiskeimöl, 1 zerdrückte Knoblauchzehe, Salz, weißer Pfeffer, etwas Vollrohrzucker.

Himbeeressig

250 g Himbeeren
1 l Apfelessig

Die Himbeeren waschen und gut trocknen lassen. Dann zusammen mit dem Essig ansetzen. Vier Wochen gut durchziehen lassen. Dabei ab und zu durchschütteln. Danach abgießen. In eine schöne Flasche mit Schraubverschluss geben, fertig!

❍ Schmeckt zu allen Blattsalaten. Verfeinert viele Marinaden.

Estragonessig

100 g Estragonblätter ohne Stiele
1 Einmachglas zum Ansetzen (1½ l)
1 l Weinessig
1 Lorbeerblatt
1 Zweig Majoran
1 TL Senfkörner
10 leicht zerstoßene Pfefferkörner
2 geschälte Knoblauchzehen

Mitte Juni ist der Estragon richtig kräftig. Die einzelnen Stiele unten abschneiden und kräftig abbrausen. Dann ausschütteln und ganz trocken werden lassen. Nun die Blätter von den Stielen streifen. Die Blätter hacken und in das gut gewaschenes Einmachglas geben. Den Essig daraufgießen und umrühren. Mit dem Deckel schließen und in die Küche stellen. Zwei bis drei Wochen gut durchziehen lassen. Dabei ab und zu mit einem sauberen Löffel umrühren.
Nach zwei bis drei Wochen ist das Aroma des Estragons gut in den Essig gezogen. Durch ein Tuch gießen und den Essig in hübsche Flaschen mit Schraubdeckel umfüllen. Die übrigen Gewürze dazugeben. Einen schönen Estragonzweig, der gut trocken sein muss, als Dekoration in die Flasche geben. Schütteln und noch zwei Wochen ruhen lassen. Fertig.

Dieser Essig schmeckt zu allen Sommersalaten und in Linsensuppe.

❍ Wenn Sie genug angesetzt haben, freuen sich gute Freunde über eine Flasche als Geschenk anstatt Blumen.

Kräftiger Kräuteressig

100 g Dillkraut mit Blütenständen
50 g Estragonblätter
einige Zweige Majoran
einige Zweige Thymian
1 Lorbeerblatt
4 – 6 Knoblauchzehen
1 EL Senfkörner
1 getrocknete Chilischote
1 l Weinessig
1 Einmachglas zum Ansetzen (1½ l)

Kräuter gut waschen und trocken werden lassen, hacken. Knoblauch schälen und grob hacken.
Alle Zutaten in ein sauberes Einmachglas geben und mit gutem Weinessig bedecken. Zwei Wochen durchziehen lassen. Abgießen und in eine Flasche mit Schraubverschluss abfüllen.

❍ Kräuteressig in dieser Art gibt es nicht zu kaufen!

Die Autorin

Jutta Grewe wurde 1952 auf einem kleinen Bauernhof in den Diepholzer Moorniederungen geboren, wo sie mit ihren Eltern und Großeltern ihre Kindheit und Jugend verbrachte. Sie lernte auf diese Weise noch eine alte bäuerliche Kultur kennen, die von Selbstversorgung geprägt war. Die ersten acht Schuljahre verbrachte sie in einer kleinen Dorfschule, die damals schon museal anmutete. Nach dem Willen des Großvaters sollte sie später den Hof übernehmen.

Doch die Zeiten veränderten sich. Die kleine Schule wurde aufgelöst und Jutta Grewe erlernte zunächst einen kaufmännischen Beruf, holte später ihre Hochschulreife nach und studierte anschließend Erziehungswissenschaften. Doch Kindheit und Jugend waren nicht spurlos an ihr vorbeigegangen. Sie begann die alten Geschichten und Rezepte ihrer Heimatregion zu sammeln und in ein kleines Büchlein zu schreiben, um sie zu bewahren.

Nach der Geburt ihrer Tochter zog sie in die Nähe ihres Heimatortes in das kleine Dorf Hemsloh. Sie legte ihren eigenen Gemüsegarten an und pflanzte Obstbäume und Sträucher. Das Sammeln und Bestimmen von Kräutern wurde zum neuen Hobby. Das kleine Büchlein mit den alten Rezepten bekam eine neue Bedeutung. Die eigene Küche wurde zum Experimentierfeld. Es wurde nachgekocht, verworfen, verbessert und wieder neu ausprobiert, bis die so entstandenen Gerichte der Kritik der Familie und des engsten Freundeskreises ausgesetzt werden konnten. Auf diese Weise entstand mit der Zeit eine umfangreiche Sammlung traditioneller Gerichte.

Rezeptindex

Apfel-Möhren-Eintopf.....42
Apfelmus.....168
Apfel-Quitten-Suppe.....59
Apfel-Rettich-Salat.....69

Bauernfrühstück.....84
Bechamelsoße.....121
Betenbartsch.....27
Birnen-Bohnen-Eintopf.....43
Blumenkohl mit Tomaten und Pilzen.....139
Blumenkohl-Gerstengrütze-Suppe.....39
Bohnen-Birnen-Eintopf.....43
Bohnen-Eintopf.....48
Bohnensalat.....71
Bratapfel mit Vanillesoße.....154
Bratkartoffeln.....84
Brei, Grundrezept.....75
Bubespitzle.....96
Buchweizengrütze.....78
Buchweizengrütze, süß.....79
Buttermilchbrot.....162
Buttermilchgetzen.....91

Dillessig.....171
Dillkartoffeln, ostpreußisch.....88
Dreimus.....167
Dunkle Zwiebelsoße.....120

Eiernudeln.....63
Eier-Spargel-Salat.....70
Eierstich.....64
Eintopf aus weißen Bohnen.....48
Eintopf von Möhren und Äpfeln.....42
Erbsenpüreesuppe.....34
Estragonessig.....172

Falsche Krebssuppe.....28
Falscher Braten.....99
Feine Holundersuppe.....56
Feine Kürbiscremesuppe.....31
Flädlenudeln.....63
Frau Finks Kasspätzle.....114
Friesische Kartoffelsuppe.....26
Frischer Spargel.....136
Fruchtmus mit Konfigel.....165
Frühlingssoße.....128
Frühlingssuppe.....33
Füllung für Gemüse.....142

Gebackene Kartoffelhälften.....93
Gefüllte Gurken.....140
Gemüse mit Gerstengrütze.....81
Gemüsebrühe selbst gemacht.....21
Gemüsehackbraten.....102
Gemüsetopf auf nordfriesische Art.....50
Gerstengrütze mit Gemüse.....81
Gerstengrütze-Blumenkohl-Suppe.....39
Geschichtete Kartoffeln.....86
Geschmorte Möhren.....138
Geschmorte Schwarzwurzeln.....146
Grießbrei.....80
Grießklößchen.....65
Grundrezept für Brei.....75
Grundrezept für Maultaschen.....110
Grundrezept für Obstsuppe.....54
Grundrezept für weißen Spargel.....137
Grundrezept: Helle und dunkle Soßen.....115
Grundrezept: Nudeln.....108
Grünkernbratlinge.....98
Grünkernsuppe nach alter Bauernart.....38
Grünkohl.....144
Gurken, gefüllt.....140
Gurkengemüse.....141
Gurkensoße.....127

Haferbratlinge.....100
Haferflockenbrei.....80
Haferflockensuppe mit Kräutern.....37

Hafergrütze....79
Hafergrütze-Kerbel-Suppe....36
Hagebuttensuppe....60
Hefe-Weizen-Brot....160
Helle Zwiebelsoße....118
Himbeeressig....171
Hirsebrei....76
Hirsebrei, süß....77
Hochzeitssuppe, niedersächsisch....22
Holländische Soße, einfach....122
Holländische Soße, geschlagen....123
Holundercreme....153
Holundersuppe mit Obst und Klößen....58
Holundersuppe....56

Ingrids Sauerampfersuppe....35

Jägersoße....125

Kartoffelauflauf mit versteckten Eiern....133
Kartoffelbratlinge mit Quark....88
Kartoffelbrot....161
Kartoffelgratin....85
Kartoffelhälften, gebacken....93
Kartoffelklöße mit Majoran, böhmisch....93
Kartoffelkoteletten....87
Kartoffel-Möhren-Pudding....106
Kartoffeln, geschichtet....86
Kartoffelpfannkuchen (Pickert)....89
Kartoffelpudding....104
Kartoffelsalat mit Mayonnaise....72
Kartoffelsalat, schwäbisch....73
Kartoffelsuppe, friesisch....26
Käsesoße....117
Kasspätzle....114
Kerbelsuppe mit Hafergrütze....36
Klüten (Mehlklöße)....66
Kohlrouladen....143
Kräftiger Kräuteressig....173
Kräuterbratlinge....100
Kräuter-Haferflocken-Suppe....37
Kräutersoße....116
Krautspätzle....113
Kürbisbrot....159
Kürbiscremesuppe nach altem Rezept....31
Kürbiscremesuppe, fein....30

Lappenpickert....90
Linseneintopf auf niedersächsische Art....44
Löwenzahnsalat....67
Luises Krautspätzle....113
Luises Spätzle....113

Majoran-Kartoffel-Klöße....93
Mangold wie Spinat....131
Mangoldpudding....105
Mangoldstiele....132
Marillenknödel....94
Maultaschen....110
Maultaschen, Grundrezept....110
Meerrettichsoße....116
Mehlklöße (Klüten)....66
Möhren, geschmort....138
Möhren-Äpfel-Eintopf....42
Möhren-Kartoffel-Pudding....106

Niedersächsische Hochzeitssuppe....22
Nordfriesische Suppe....39
Nudeln, Grundrezept....108

Obstsuppe von frischem Obst....53
Obstsuppe von getrocknetem Obst....62
Obstsuppe, Grundrezept....54
Ofenkuchen....92

Paprika-Rahm-Soße....121
Pickert (Kartoffelpfannkuchen)....89
Pickert auf Inges Art....89
Pilze mit Blumenkohl und Tomaten....139
Pilzkoteletts....102
Preiselbeerkompott....168

Quitten-Apfel-Suppe....59

Rahm-Paprika-Soße....121
Reisbratlinge....101

Rettichsalat mit Äpfeln 69
Rettichsalat 69
Rhabarberkaltschale 55
Rote Bete auf niederländische Art 149
Rote Grütze nach traditioneller norddeutscher Art 155
Rote-Bete-Gemüse 148
Rote-Bete-Suppe 24
Rote-Bete-Suppe, ostpreußisch 27
Rotkohl 150
Rübensirup 166
Rübstiel 135
Russische Soße 126

Sauerampfersoße 128
Sauerampfersuppe, ostpreußisch 35
Sauerkraut im Topf 169
Sauerkraut mit Äpfeln 151
Sauerkraut mit Äpfeln 151
Sauerkraut, gebacken 152
Sauerkrauteintopf 51
Saure Kartoffeln 87
Schmurks (friesischer Eintopf) 43
Schneeklößchen 65
Schnüsch (nordfriesischer Gemüsetopf) 50
Schupfnudeln 96
Schwäbischer Kartoffelsalat 73
Schwarzbrot 158
Schwarzwurzeln, geschmort 146
Schwarzwurzelpudding 107
Schwemmklößchen 64
Selleriebratlinge 101
Selleriesuppe 32
Senfsoße 117
Soße mit saurer Sahne 126
Soßen, Grundrezepte 115
Spargel, Grundrezept 137
Spargel-Eier-Salat 70
Spargelpudding 107
Spätzle 113
Spinatpudding 105
Steckrübeneintopf auf niedersächsische Art 46
Stielmus 135
Süße Buchweizengrütze 79
Süßer Hirsebrei 77

Tante Finks Löwenzahnsalat 67
Teltower Rübchen 134
Tomaten mit Blumenkohl und Pilzen 139
Tutti-Frutti auf Fias Art 156

Vanillesoße 154
Versteckte Eier mit Kartoffelauflauf 133

Waldorfsalat 68
Weihnachtssalat 68
Weinsoße zu Gemüse 124
Weißkohl mit Kümmel 147
Weizen-Hefe-Brot 160
Westfälische Zwiebelsoße 119
Westfälisches Blindhuhn 40

Zwetschgenmus 164
Zwiebelsoße, dunkel 120
Zwiebelsoße, hell 118
Zwiebelsoße, westfälisch 119

Vegetarische Köstlichkeiten

Heike Kügler-Anger:
Vegetarisches aus der Klosterküche
ISBN: 978-3-89566-286-7

Heike Kügler-Anger:
Cucina vegana
ISBN: 978-3-89566-247-8

Irmela Erckenbrecht:
American Veggie
ISBN: 978-3-89566-297-3

Irmela Erckenbrecht:
Rosmarin und Pimpinelle
ISBN: 978-3-89566-256-0

Gesamtverzeichnis: pala-verlag, Rheinstraße 35, 64283 Darmstadt
www.pala-verlag.de, E-Mail: info@pala-verlag.de

Rheinstr. 35, 64283 Darmstadt
www.pala-verlag.de
überarbeitete Neuauflage der Ausgabe von 2001
ISBN: 978-3-89566-294-2

Lektorat: Nina Weiler / Wolfgang Hertling
Umschlagillustration: Kirsten Schlag
Innenillustrationen: Jutta Grewe
Druck: fgb • freiburger graphische betriebe
www.fbg.de

Dieses Buch ist auf Recyclingpapier
aus 100 % Altpapier gedruckt
und klimaneutral produziert.

Print CO_2 kompensiert
Id-Nr. 1112904
www.bvdm-online.de